异常心电图特征波定位与常见心律失常检测方法

YICHANG XINDIANTU TEZHENGBO DINGWEI YU CHANGJIAN XINLV SHICHANG JIANCE FANGFA

饶妮妮／著

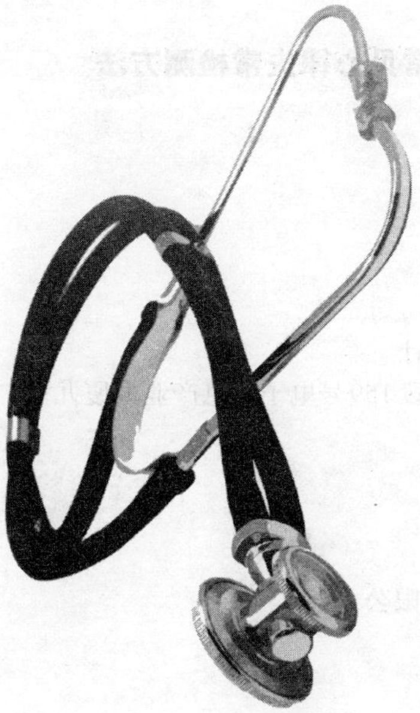

电子科技大学出版社
University of Electronic Science and Technology of China Press
·成都·

图书在版编目(CIP)数据

异常心电图特征波定位与常见心律失常检测方法 / 饶妮妮著. -- 成都：电子科技大学出版社，2019.9
ISBN 978-7-5647-7407-3

Ⅰ.①异… Ⅱ.①饶… Ⅲ.①心律失常 - 心电图 Ⅳ.①R540.4

中国版本图书馆CIP数据核字（2019）第209853号

异常心电图特征波定位与常见心律失常检测方法
饶妮妮　著

策划编辑　郭蜀燕
责任编辑　卢　莉

出版发行　电子科技大学出版社
　　　　　成都市一环路东一段159号电子信息产业大厦九楼　邮编 610051
主　　页　www.uestcp.com.cn
服务电话　028-83203399
邮购电话　028-83201495

印　　刷　成都市火炬印务有限公司
成品尺寸　185mm×260mm
印　　张　8.75
字　　数　170千字
版　　次　2019年9月第一版
印　　次　2019年9月第一次印刷
书　　号　ISBN 978-7-5647-7407-3
定　　价　36.00元

前　言

《健康中国行动（2019—2030年）》指出，人民健康是民族昌盛和国家富强的重要标志。心脏疾病是我国居民位居前列的死亡原因之一。心律失常是最为常见的一类心脏疾病，因其在正常人群中也可能会发生，且早期心律失常在体征上与健康个体没有明显区别，往往在较为严重时才会被知晓，再加上心律失常的复杂性和变化多样性，其临床早期诊断很容易发生漏检和误判。采用便携式或穿戴式设备采集的长程动态心电图的应用在很大程度上提高了心律失常检测的正确率，但它产生的海量心电图（Electrocardiogram， ECG)数据给临床医生带来了极大的工作负担。因此，开展基于ECG大数据的心律失常智能检测研究，提高早期发现心律失常的准确率，具有十分重要的科学意义和实际意义。

自2008年以来，作者所领导的课题组一直在ECG特征波定位和常见心律失常自动检测方法上进行了若干探索性研究，取得了一些研究进展，并整理汇集到此书中与读者共享。

随着深度神经网络（Deep neural network，DNN）的发展，基于深度学习的多种心律失常检测与识别方法成为了研究热点，一些大型国际比赛也极大地促进了这类方法的发展。例如，2017年房颤挑战赛有力地推进了从单导联ECG信号中识别房颤、非房颤心律失常和正常心电信号的方法发展。以DNN为代表的学习类智能方法相对于传统启发式方法而言，通常具有较高的准确率。由于这类方法在训练时使用了更多的样本，所以其泛化能力通常强于传统方法，而且不需要提取额外的特征。然而，相关研究还不够成熟，本书没有包含这部分内容。

全书共分为8章。第1章主要介绍了相关研究的国内外现状。第2章介绍了心电图基本知识。第3章介绍了心电图伪差判断方法。第4章介绍了基于形态的变长翼形函数阈值P波检测算法。第5章介绍了T波定位方法。第6章介绍了异常QRS波情况下R峰定位修正算法。第7章介绍了早博自动检测方法。第8章介绍了房颤自动检测方法。第9章介绍了二度房室传导阻滞自动检测方法。

全书由饶妮妮执笔统稿。梅新明、李全池参与了第2章的资料整理工作；杜晓川参与了第3章的研究工作；杨阳参与了第4章的研究工作；王云鹤和杜晓川参与了第5章的研究工作；钱梦瑶参与了第6章的研究工作；李杰和杜晓川参与了第7章的研究工作；杨阳参与了第8章的研究工作；罗成思参与了第9章的研究工作。全书参考了许多其他作者的文献。国家自然科学基金项目（项目编号：61872405和61720106004）和广东省自然科学基金重点项目（项目编号：2016A030311040）为本书出版给予了大力支持，电子科技大学出版社提供了出版本书的机会，在此一并表示衷心感谢。

期望本书能够起到一种抛砖引玉的作用。由于作者的水平和对ECG智能信号处理的研究有限，书中肯定有不少缺点与疏漏之处，敬请各位同行专家和读者批评指正。

饶妮妮
2019年12月

目录

MULU

第1章　绪论…………1

1.1　本书写作意义…………1

1.2　国内外相关研究现状分析…………2

1.2.1　ECG质量判断研究动态…………2

1.2.2　ECG特征波定位技术研究现状…………3

1.2.3　常见心律失常自动检测技术的研究动态…………5

1.3　本书结构安排…………7

第2章　心电图基本知识…………9

2.1　心脏生理结构和传导系统…………9

2.1.1　心脏生理结构…………9

2.1.2　心脏的传导系统…………10

2.2　心电图的产生机制…………11

2.2.1　单细胞电活动…………12

2.2.2　单细胞除极和复极…………12

2.2.3　心电图形成的二次投影学说…………12

2.3　心电图的组成…………13

2.4　心电图的测量…………15

2.4.1　标准十二导联…………15

2.4.2　心电记录设备…………16

2.5　公开可用的心电图数据库…………18

2.5.1　心律失常数据库…………18

2.5.2　房颤数据库…………19

2.5.3 长时房颤数据库 ……20
2.5.4 QT数据库 ……20

第3章 ECG伪差检测方法 ……21

3.1 ECG信号与伪差信号 ……21
3.2 方法设计 ……22
3.2.1 方法Ⅰ：多参数判别法 ……23
3.2.2 方法Ⅱ：变长模板法 ……25
3.3 方法的实验验证 ……27
3.3.1 实验数据 ……27
3.3.2 实验验证结果 ……28
3.4 本章小结 ……30

第4章 基于形态的变长翼形函数阈值P波检测算法研究 ……32

4.1 P波特征分析……32
4.1.1 正常P波的特点……32
4.1.2 与P波有关的特征参数……32
4.1.3 P波的常见形态……33
4.2 P波检测的临床意义……34
4.3 典型P波检测方法分析 ……34
4.3.1 幅值法 ……35
4.3.2 翼形函数法 ……36
4.3.3 基于特征信号的算法 ……38
4.3.4 小波变换法 ……40
4.4 P波检测新算法研究……42
4.4.1 算法理论 ……42
4.4.2 新算法的实验验证 ……47
4.5 本章小结 ……50

第5章 ECG中T波定位方法研究 ……52

5.1 引言 ……52
5.2 多形态T波波峰定位方法 ……52
5.2.1 小波变换基本理论 ……52

5.2.2 算法设计 ……57
5.2.3 实验结果与分析 ……63
5.2.4 讨论与结论 ……66
5.3 受房颤f波干扰下的T波末端定位方法 ……67
5.3.1 方法设计 ……67
5.3.2 实验验证与分析 ……70
5.4 本章小结 ……75
第6章 异常QRS波情况下R峰定位修正算法 ……77
6.1 引言 ……77
6.2 方法设计 ……77
6.2.1 心电信号预处理及R波定位 ……77
6.2.2 宽QRS波提取 ……78
6.2.3 R峰位置修正 ……79
6.3 实验结果 ……81
6.3.1 实验参数的选取 ……81
6.3.2 实验数据 ……82
6.3.3 宽QRS波检测结果 ……83
6.3.4 R波位置修正结果 ……84
6.4 本章小结 ……85
第7章 早搏自动检测方法研究 ……86
7.1 早搏的ECG特征分析 ……86
7.1.1 室性期前收缩的生理机制和特点 ……86
7.1.2 房性期前收缩的生理机制和特点 ……87
7.2 早搏检测算法设计与实现 ……88
7.2.1 基于模板匹配的早搏判断算法 ……88
7.2.2 基于CONCOR聚类的室性早搏识别算法 ……92
7.3 实验验证 ……95
7.3.1 临床数据 ……95
7.3.2 模板匹配法的验证结果 ……95
7.3.3 CONCOR法的验证结果 ……98
7.4 本章小结 ……100

第8章 房颤自动检测方法研究……101

8.1 房颤的ECG特征分析……101

8.2 多参数房颤检测方法……102

8.2.1 房颤特征参数设计与依据……102

8.2.2 实时的房颤检测方法……104

8.2.3 实验验证……106

8.2.4 讨论……109

8.2.5 结论……110

8.3 房颤伴室性早搏与房颤伴差异性传导的量化鉴别……110

8.3.1 房颤情况下室性早搏与差异性传导的特点……110

8.3.2 算法设计……111

8.3.3 房颤伴室性早搏与房颤伴差异性传导的鉴别结果……112

8.3.4 实验结论与讨论……114

8.4 本章小结……114

第9章 二度房室传导阻滞自动检测研究……116

9.1 房室传导阻滞分型及其心电图表现……116

9.2 房室阻滞自动检测……117

9.2.1 算法设计……118

9.2.2 算法框架……119

9.2.3 漏检P波判定……120

9.3 实验验证……121

9.4 本章小结……122

参考文献……124

第1章 绪 论

1.1 本书写作意义

心脏病被称为危害人类健康的“第一杀手”，据世界卫生组织预测，今后10年心血管疾病患者数量还将快速增长。一些具有突发性、一过性和隐蔽性的心脏疾病不易被传统心电图（Electrocardiogram，ECG）设备及时发现和诊断，导致许多心脏疾病患者病情加重，甚至付出了生命的代价。可穿戴式ECG设备可以在患者日常生活中实现对其心脏功能进行长期、连续和实时的评估，是未来心脏病患者监护和诊断的必要工具。可穿戴式ECG设备的介入，需要与之配套的高效、准确的心脏疾病智能检测技术，才能辅助临床提高诊断的准确率和治疗效果。然而，可穿戴式设备在采集ECG过程中受到的干扰比传统心电图工作站大，有时干扰甚至会完全掩盖ECG上的特征信号，使得某段ECG失去诊断价值；一些心脏疾病也会引起ECG波形改变。面对干扰大、形态改变和数据量大的异常ECGs，传统的智能检测技术显得无能为力，迫切需要适用于异常ECG的智能检测技术，以促进可穿戴式ECG设备在临床诊断上的应用。

本书重点介绍了ECG伪差消除方法、异常ECG特征波定位方法以及常见心律失常（早搏、房颤和二度房室传导阻滞等）智能检测方法。这些方法是作者多年的研究成果，对于突破穿戴式ECG伪差消除难和特征波定位精准度低等技术难题，实现基于穿戴式ECG信号的常见心律失常数字化辅助诊断具有促进作用；也有利于推动可穿戴式ECG设备行业从传统硬件快速切入基于ECG大数据挖掘的云服务上，使得心律失常人群在日常生活中能够受到监护和管理，降低危及生命的心脏突发性事件发生，造福于民。因此，本书具有十分重要的实际应用意义。

1.2 国内外相关研究现状分析

1.2.1 ECG质量判断研究动态

通过ECG信号研究心脏电生理情况是检查心脏疾病的一项常规手段。要通过ECG准确地获得病人的心脏病理、生理信息，首先需要保证输入ECG信号的准确性。然而，在临床实践上，采集到的ECG信号中可能包含各种干扰，例如，肌电干扰、运动伪影、呼吸伪影等。各种干扰对ECG的影响可概括为两种情况：一是干扰与ECG信号相互叠加，使得ECG信号受到污染，但是仍然能够保留基本的ECG特征信息；二是ECG信号受到的干扰非常严重，已经无法识别其中的ECG特征成分，甚至采集到的信号全部为干扰成分（如电极脱落的情况）。

针对第一种情况，很多学者将研究重点放在对ECG信号的噪声抑制和强干扰条件下的特征提取上。Rahman 等人设计了一系列简单有效的基于信号和误差的非线性滤波器来滤除ECG中的干扰。这类滤波器能够循环地更新权重系数，适于在计算量有限但是对信噪比要求较高的场合使用。他们通过实验验证了所提滤波器比现有其他相关算法在计算复杂度和干扰滤除效果上都有更好的表现，能够在满足较高信噪比要求的同时拥有较快的收敛速度。 Lipponen 等人提出了一种评估心室复极化过程特征的方法。该方法的最大特点是通过构建不受噪声和干扰影响的QT段，从而实现对ECG特征参数的准确测量。

近年来，一部分学者已经将研究的视野转移到了第二种情况上，也就是如何从ECG数据中找到无法用于后续诊断的ECG分段，以降低误诊。本书把那些完全没有ECG特征信息的ECG分段称为伪差。Tu 等人提出一种能够自动检测到ECG信号中伪差分段的方法。该方法基于模糊分析、复极分析和多参数决策。作者通过仿真数据和实测数据，验证了方法能够有效定位出伪差位置。此外，该方法在判断伪差的过程中不需要设定任何经验阈值，能够基于先验知识完成检测。Bian 等人提出了基于最小二乘法原理的动态ECG信号伪差识别算法。他们的结果表明，该算法能够快速、有效地识别ECG信号中因多种原因引起的伪差成分。Li 等人利用小波变换实现了自动的伪差识别。通过设定适当的阈值，该方法能够有效、准确地识别伪差。在以上提及的算法中，Tu 等人的算法能够高精度地定位伪差位置，并且拥有较低的计算复杂度，是伪差识别中比较出色的一种方法。但是，该算法需要在输入很长的ECG信号后才能够实现伪差的识别，在实时性要求较高的场合并不适用。

1.2.2　ECG特征波定位技术研究现状

1.2.2.1　R波

目前，在心电信号QRS波检测中运用最广泛的方法有差分滤波法、小波变换法、神经网络法及波形阈值检测法等。

差分滤波法是基于滤波、斜率和幅度阈值的检测方法。通常采用带通滤波器对信号进行滤波，然后将ECG数据进行平方运算和移动窗口积分，以加强QRS波信号分量，再采用差分法计算其斜率。把那些幅度和前后斜率超过一定阈值的信号检测为一个QRS波。该算法的优点是实现简单，运算速度快。

小波变换法是一种运用小波变换技术将心电信号分解到不同尺度的线性变换方法，其实质为带通滤波器。通过计算ECG信号功率谱密度函数，建立小波变换的尺度与ECG信号频率之间的关系。QRS波群能量范围大多在20Hz以下，经过小波分解后通常处于较低尺度上，而噪声和干扰大多分布在较高尺度。该方法通过检测对应尺度上模极大值的位置来确定QRS波。常用的基本小波有样条小波（Fbsp）、一阶高斯函数小波和墨西哥草帽小波（mexh）等。这类算法有较高的正确率，但阈值确定较为烦琐，因此实时性较差。

神经网络法是具有非线性、高度并行性和鲁棒性等特性的模拟人脑机理和功能的人工智能技术。它是根据前n-1个采样点的数值来预测第n个采样点。由于QRS波有较大的幅值，相邻点的幅值存在突变，所以会产生预测错误。利用这个预测错误可以训练有多层结构（Muli-Layer Perceptrons）的人工网络，以实现对QRS波的预测。该方法需要学习训练，因此对训练样本的选取有较高的要求，其实现耗时较长且难度大。

Friesen等人对目前常见的9种典型QRS波检测方法进行了综合分析与比较，得出了差分滤波方法检测QRS波效果比较好的结论。

1.2.2.2　P波

P波是ECG的重要成分，它的检测一直是心电图特征点分析的研究重点。国内外已经有很多学者采用了不同的方法对P波检测进行研究。

Laguna等人用差分阈值法检测P波。该算法首先检测R波，然后在R波前向0.07 ~ 0.225 s内，用截止频率为12 Hz的低通滤波器消除残余噪声，最后在窗内寻找差分信号的最大值和最小值，如果前者大于QRS波最大斜率的2%，就定位为P波，否则，判定没有P波。Bsoul等人用小波变换法检测P波。该算法首先用Haar作为母小波检测R波和Q波，然后在Q波前向至［R(i)− R(i-1)］/2的区间内，用db2作为母小波，对小波系数取平方，选取一定的阈值检测P波。其中，R(i)是第i个R波的时间序列数。Madhukar等人采用离散余弦变换检测P波。该算法首先运用零极点模型对离散余弦变换后的心电信号进行参数建模，生成一组基波，然后应用匹配法生成QRS波模板和T波模板，最后与原始信号对消后检测P波。Botter等人用神经网络方法检测P波。该算法用两个不对称基函数提取P波特征，将待处理ECG信号在一定时间窗内的数据点作为神经网络的输入，用经典的误差反向传播算法进行训练，最后用9个参数来分类P波的形态。Mehta等人用支持向量机（support vector machine，SVM）检测P波。该算法首先去除基线漂移和工频干扰，定位QRS波，然后对消QRS波，并用基线代替之，接着检测T波，再对消T波，最后识别不同类型的P波形态。该算法用LIBSVM软件实现SVM，采用的是序列最小优化算法。杨振野等人用函数逼近法检测P波。该算法采用二次函数逼近P波，求出基准线，计算P波波峰，当其与P波的误差均方根在设定的范围内时，判断P峰是否满足给定的阈值，如满足，则设置P波检出标志。

近年来，多种方法的融合使用，成为P波检测的一个新趋势，但在计算准确性得到了提高的同时，也导致了计算时间复杂度的上升。因此，对P波这一重要心电特征点检测算法的研究仍然是目前十分重要的课题，有待进一步开展深入的研究。

1.2.2.3 T波

T波检测包括T峰、T波起点和末端定位等内容。已经提出的传统T波检测方法比较多，如基于一阶微分运算的门限判决方法和积分法等。由于T波所在位置的低频成分比较多，噪声较大，又与U波临近，再加之T波的波形形态多样，因此单纯使用时域上的传统阈值检测方法出现误检和漏检的情况不可避免。由此催生了一些鲁棒性更强的T波检测方法，如基于主成分分析（principal component analysis，PCA）的方法、基于人工神经网络（Artificial Neural Networks，ANNs）的方法和基于小波变换（wavelet transformation，WT）的方法等。

主成分分析方法最早在1901年由Pearson提出，是基于信号的二阶统计量的线性分析方法，可以消除信号之间的相关性，主要用于高维数据的降维，在数据挖掘、特征提取、信号恢复处理和数据压缩等领域都得到了广泛应用。基于主成分分析的方法要求ECG用多导联采集，对单导采集的ECG数据进行T波检测效果比较差。由于主成分分析方法会同时提取多个分量信号，当这多个分量信号同时存在T波信号特征时，它并不能分辨哪一个分量是T信号，所以难以直接检测到T波。

神经网络方法是识别T波的优选智能方法，这类方法具有从输入数据中学习鉴别特征的能力。然而，神经网络方法存在一些弊端和劣势，如：反向传播神经元网络（Back propagation neural Network，BPNN）容易陷入局部极小值，学习过程收敛缓慢以及对初值设定很敏感等，故在实际应用中该方法的效果很难达到最佳。因此，余生晨等人先采用遗传算法求取全局最优解的近似值，并将其作为神经网络的初值，以此求取全局最优解的精确值。但是，他们的方法没有综合考虑T波形态的多样性，且改进后的BPNN并没有完全克服其本身收敛慢和易陷入局部极小值的缺点。

小波变换是一种比较成熟的T波检测技术，其正确率较高。常规的小波检测方法是在特定的尺度参数上进行模极值对的检测，先确定ECG中R波的位置，然后在该尺度上R波位置后一段窗口再次检测代表T波的模极值对。该方法主要用来识别常规形态 的T波，对异常形态的T波识别正确率不高，易出现误检和漏检。改进的小波检测方法考虑了T波形态的多样性，在小波变换后所得模极值对的个数与形态和T波个数与形态之间建立了一种对应关系，能够较全面地检测不同形态的T波。

1.2.3　常见心律失常自动检测技术的研究动态

1.2.3.1　房颤检测的研究动态

近些年来，国内外众多学者在房颤检测的研究上做出大量努力。现有方法可以大致归纳为：基于心房活动分析的方法、基于心室活动分析的方法和心房心室活动结合分析的方法。基于心房活动分析的方法主要是从时域或者频域上分析P波的变异性或者TQ段的f波，Ladavich等人运用极大期望算法构建了一个高斯混合统计模型描述P波的特征空间分布，通过阈值来判断P波是否消失，从而检测识别出房颤。García等人对ECG的TQ段做小波变换，分解得到每层小波的相对小波能量(Relative Wavelet Energy，RWE)，通过分析RWE的分布来识别出房颤。基于心房活动的方法检测识别房颤在高信噪比和高分辨率的ECG信号中能够获得较高的识别准确率。然而，由于P波和f波都属于微弱信号，容易受到噪声的干扰，导致P波的精确定位相对困难。此外，房颤的f波与其他非房颤心律失常（如房扑）或者噪声的频率段有重叠，因此单纯利用频域分析的方法检测与识别房颤也容易造成误判。相比而言，R波是心电信号中幅度最高、信噪比最高的特征波形，QRS复合波的检测率也几乎达到100%，故基于RR间期分析的方法成为房颤检测的主流。Park等人通过分析Poincare散点图，提取聚类个数、心拍间隔的平均增量和各点与对角线之间的分散度，把这3个参数作为分类房颤与非房颤的特征。Sarkar通过RR间期差分的洛伦兹散点图计算RR间期的稀疏分布、类别密度以及不规则度等特征来识别房颤。当然，结合心房活动和心室反应可以更加充分地利用心脏周期中每个部分的独立数据来提高房颤检测的准确率。为此，Babaeizadeh等人结合PR间期的变异性和P波形态相似度，构建RR间期的马尔可夫模型来检测房颤。Petrėnas等人结合RR间期的不规则度、P波消失和噪声水平对房颤信号进行模糊逻辑分类。随着人工智能在各个领域的广泛应用，很多研究者都采用机器学习的方法，提取心房活动和心室活动的一个或者多个特征参数对房颤信号进行分类识别，有效地提高了房颤检测的准确率。

早期的房颤检测方法在应用上存在一定的局限性。比如，一些方法仅能够区分房颤与正常信号，而另一些方法只能够在信噪比较高的ECG信号上进行房颤检测。因此，大部分的研究者目前都相继将研究重点转移到ECG信号的多分类中，比如分类房颤信号、非房颤心律失常信号（早搏、心动过速等）、伪差信号（信号质量较差，不能反映心电特征的ECG和正常ECG信号。Jiménez-Serrano等人通过对前向反馈神经网络的特征参数进行网格搜索来对72个ECG特征参数进行选取，再进行房颤与其他信号的多分类。实验表明，先做特征选取再进行ECG信号类型的多分类策略优于直接多分类识别。Kropf等人提取380个时域和频域特征参数来训练基于随机森林的分类器，设置不同的权重比值解决类别数据量不均衡下的房颤分类问题。然而，上述研究提取的特征包含有冗余和一些不相关的信息。不相关的信息会降低分类的准确率，一些冗余特征和复杂度较高的特征会增加训练和测试时间。进一步的，训练样本数据的不均衡性也会导致分类器的泛化能力变差。因此，设计在不均衡样本、不同质量的多类（含房颤）ECG数据中提取各类疾病的有效特征并检测识别各类疾病的方法是房颤检测领域的发展趋势。

1.2.3.2 早搏检测的研究动态

早搏可进一步分为房性、交界性和室性早搏。根据QRS波形特征来识别早搏，尤其是室性早搏仍然是临床识别中一种行之有效的方法。对于早搏的自动识别算法来说，研究大多集中于按照单个心动周期（心拍）来分类识别早搏。这种按心拍分类的本质是借助于相关的数学手段，将原本高维矢量空间的ECG特征波形信号投影到低维子空间。该空间能够保留心拍识别的主要特征，并使得这些特征在原始心拍中尽可能有意义，然后再在此基础上进行早搏分类。目前，基于心拍分类早搏的方法有很多，在这些方法当中以特征提取和模板匹配方法占主导。

特征提取是指提取心拍中波形的幅值、时长、面积等指标，或是通过某种特征变换使其所在特征空间中早搏与其他的心拍类型更易区分。Christov等人提取了QRS波群的峰谷幅值、面积、时长等22个指标作为心拍特征值，同时结合了通过小波变换得到的11个时频参数，通过聚类实现了包括室性早搏在内的5种心拍的分类，其分类敏感度在90%以上，特异性在95%以上。Amit等人通过对原始心拍波形的每一个采样点计算其局部分形维数，从而进行特征变换，然后对变换后的ECG信号进行最近邻域分类，对6种心拍分类的平均敏感度能够达到88%，其中对室性早搏分类的敏感性达到了91%。此外，还有通过特征提取后运用神经网络、聚类和模糊推理的早搏检测方法。

模板匹配是基于QRS波形的形态建立基准模板库，然后与目标ECG波形进行相关计算，判定二者之间是否匹配。杨波等人提出了一种自适应长度的多模板匹配识别室性早搏的算法。他们根据不同的RR间期确定模板长度，并结合RR间期识别室性早搏。该算法的灵敏度达到了98%，错误率只有1%。杨阳等人结合PR间期在1分钟ECG内建立基准模板，实现房性早搏与室性早搏的识别。他们的方法准确检出率达到93%，错误率只有0.16%。模板匹配方法原理简单、有效，符合临床医生进行早搏诊断时的思想，但容易受到噪声干扰，且必须借助一些其他信息辅助检测。

1.2.3.3 房室传导阻滞自动检测研究动态

房室传导阻滞（简称为房室阻滞）是最多见的一种心脏传导阻滞，它是指因为房室传导系统一部分（有时两个以上部位）的不应期意外增加，激动从心房往心室传播途中，因为传导速度变慢，或是局部乃至所有激动不能向下传播的心脏疾病。房室传导阻滞最突出的特点是ECG上P波形态以及位置的改变。由于P波在心电图中较其余波形而言很难被检测，故目前国内外对房室传导阻滞心电图的自动识别研究还十分有限。Meghriche等提取RR间期、QRS幅值、QRS时限、PR间期、PP间期、P波幅度以及P波时程等7个特征，再用神经网络方法对房室传导阻滞进行分类。该算法十分复杂且房室传导阻滞识别效果也不尽如人意，所取得的准确率和敏感性分别为87.9%和90.7%。因此，房室传导阻滞自动识别算法的改进和发展空间仍然非常大。

1.3 本书结构安排

本书共分为9章，提出了ECG伪差消除方法、异常ECG特征波定位方法以及常见心律失常（早搏、房颤和二度房室传导阻滞等）智能检测方法。

第1章为绪论。简要介绍了本书的写作意义、相关研究的国内外研究现状以及本书的基本结构。

第2章为心电图基本知识。介绍了心脏生理结构和传导系统、心电图的产生机制、心电图的组成、心电图的测量以及几个公开可用的心电图数据库。

第3章为心电图伪差判断方法。定义了心电信号与伪差信号，介绍了本书提出的多参数判别法和变长模板法，介绍了采用真实心电图数据验证两种伪差判断方法性能的计算机实验与结果。

第4章为基于形态的变长翼形函数阈值P波检测算法。分析了P波的特征，介绍了P波检测的临床意义、典型P波检测算法以及基于形态的变长翼形函数阈值P波检测算法和性能。

第5章为为T波定位方法。首先概述了方法设计涉及的连续小波变换、离散小波变换和小波包基本理论；其次介绍了本书提出的T峰定位方法及其性能；最后介绍了本书提出的T波末端定位方法及其性能。

第6章为异常QRS波情况下R峰定位修正算法。介绍了ECG预处理方法、R波定位方法、在异常QRS波下R峰位置修正方法以及宽QRS波提取方法。

第7章为早搏自动检测方法。分析了早搏的ECG特征，介绍了本书提出的早搏检测算法及其性能。

第8章为房颤自动检测方法。分析了房颤的ECG特征，介绍了本文提出的基于多参数的房颤实时检测方法及其性能，介绍了本书提出的房颤伴室性早搏与房颤伴差异性传导的量化鉴别方法及其性能。

第9章为二度房室传导阻滞自动检测方法。分析了二度Ⅱ型房室传导阻滞的ECG特征，介绍了本书提出的二度房室传导阻滞检测方法及其性能。

第2章

心电图基本知识

2.1　心脏生理结构和传导系统

心脏是由心肌组织构成的人体重要器官。它具备瓣膜结构，是血液循环的动力装置。心脏不停地、有序地跳动，驱动血液不停歇地供给全身。心脏的电生理信号在体表形成心电信号，成为生命的象征。

2.1.1　心脏生理结构

人体心脏如拳头大小，位于胸腔中部偏左的下方，两肺之间、横膈之上。心脏分为4个腔室，上下两部，上部为左心房和右心房，下部为左心室和右心室，如图2-1所示。其中，左、右心房是由房间隔划分的壁薄且压力低的腔室。右心房接收上腔静脉、下腔静脉和冠状静脉窦回流的缺乏氧气的血液，然后经过肺氧合形成富含氧气的血由肺静脉输送至左心房。心室是心脏下部腔室，经室间隔划分形成大而厚的左心室和右心室，主要功能是将血液送至肺循环和体循环。左心室是高压力的腔，其壁厚度远远大于右心室。正常情况下，每次心室收缩所产生的全部射血量为70 ~ 80 mL，约为其充盈时血量的一半。

心脏壁是一种三层结构的组织，分为心内膜、心肌和心外膜。心内膜位于心脏最内侧，表面光滑；心肌层是位于心内膜和外膜之间的心肌纤维层，是心脏结构的主体。由于各个腔室泵血阻力不同，心肌的厚度也不一样。正常情况下，心室心肌较心房的厚，而左心室的心肌较右心室的厚；心外膜是心脏的最外层，含有毛细血管、淋巴管、神经纤维和脂肪等，冠状动脉的主支在进入心肌前需要途经该层。心包是一种包裹心脏的双层的囊。外层为纤维心包，内层是浆膜心包。浆膜心包分为两部分：一部分是紧贴于心包内表面的壁层，另外一部分是脏层，即心外膜。脏层和壁层之间存在约10 mL的空腔含浆液，起润滑作用，用于缓解心跳时心包之间的摩擦。

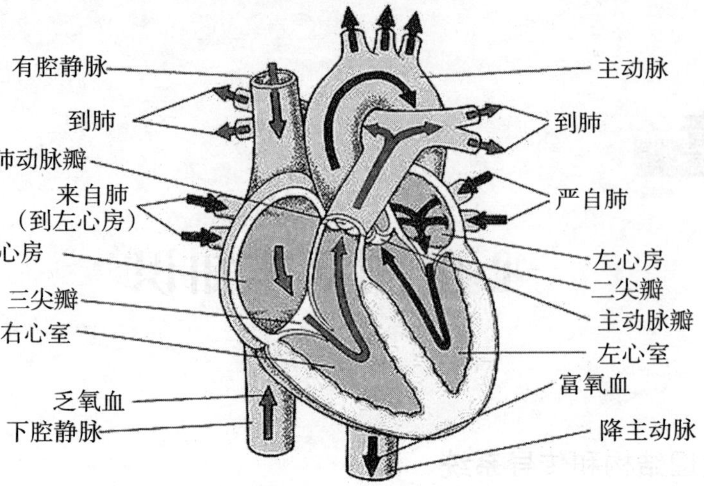

图 2-1　心脏剖面

心脏瓣膜是心房与心室之间或心室与动脉间的瓣膜，是一种确保血流沿心腔单向流动的组织。二尖瓣和三尖瓣分别位于左心室和左心房之间、右心房和右心室之间，其作用在于将房室分开。在房室瓣膜出现病变时，心电图会发生改变。半月瓣是心脏中的另外一套瓣膜，分为主动脉瓣和肺动脉瓣，其作用在于防止心室舒张时血液反流。

在血液循环中，右心房接收缺乏氧气、富含二氧化碳的血液，经过三尖瓣流入右心室。右心室收缩泵血，三尖瓣关闭，血液经肺动脉瓣送至肺动脉干，形成肺循环。由肺循环后获得的富含氧气的血液经肺静脉流入左心房，然后通过二尖瓣进入左心室。左心室收缩时，二尖瓣关闭，血液经主动脉瓣流入主动脉及其分支，最终将血液输送至全身。

2.1.2　心脏的传导系统

心脏的传导系统由普通心肌细胞（心室肌和心房肌）和特殊心肌细胞等两类心肌组织构成，它们分别形成结和束，参与心脏的电生理传导过程。正常的传导系统包括窦房结、结间束、房室结、希氏束、左右束支和浦肯野纤维。其主要功能为形成激动和传导激动，电激动通过兴奋、传导扩布至整个心脏。

窦房结位于上腔静脉与右心房结合部的界沟最上端，表面覆盖心外膜和脂肪，多数情况下形态呈椭圆形。窦房结具有丰富的交感神经和副交感神经分布并主要受其调节。一般而言，心电信号的电激动起源于窦房结。

结间束存在于窦房结和房室交接区，多数学者认为它有三条，即前结间束、中间结间束和后结间束。前结间束在房间隔上沿分为两束：一束称为上房间束，是激动房间传导的主要传导束；另外一束称为下降支，一般不参与房间传导，只在房室交接去心律时，参与异位激动经后结间束逆行至双侧心房的传导。前结间束是窦房结和房室结之间的向上和向前的优势传导路径；中间结间束由窦房结的上沿出发，止于房室结的上端，构成中优势传导路径；后结间束由窦房结下端出发，连接房室结的后上端，构成下优势传导路径。房内传导束的传导速度比普通纤维细胞传导速度快，以前结间束最为明显。这三条结间束在传导上存在替补作用，一条束受损时，可以通过其他的束传导弥补。

房室交接区是心房和心室连接处的特殊心肌结构，分为三个部分：房室结、结间束进入房室结终末端（房室结向心房的扩展部）和房室束的近侧部（即房室束分叉前的部分）。房室交接区是房室之间唯一的正常传导通道，同时还存在心脏的第二起搏点。当房内激动出现降低甚至停搏或者交接区高位存在阻滞时，起搏功能会取而代之以维持心脏正常节律。此外，通过房室交接区的传导（特别是房室结），它能将原本方向杂乱不一的激动过滤、梳理排列成一个整体电位，保证了房室传导的协调性。值得一提的是，房室结位于右房间隔冠状静脉窦口前侧数毫米的Koch三角内，呈扁状椭圆形态。房室结一般不认为具备起搏功能，它是房室交接区的一部分，同时也是心房激动传导至心室的唯一途径。

室内房室束及分支主要包括房室束、左束支和右束支。房室束（亦称希氏束）是心房心室间的唯一正常传导激动的结构，位于室间隔上部，把房室结和两个束支联系起来。房室束的形状比房室结细，但激动在房室结的传导远比房室结快。左束支上接房室束，下分为三段：左前分支、左后分支和左间隔支。右束支形状呈圆柱形，类似房室束的自然延伸。正常情况下，房室束接收激动后，经左右束支同时开始激动，传导至两侧心室。

浦肯野纤维是左、右束支及其分支的末端纤维，在心内膜上交织成网状结构与心肌细胞相连接，构成心肌内网。浦肯野纤维由浦肯野细胞构成，其细胞间端到端连接且接触面积大，因此电阻小，正常情况下传导速度比心肌快约10倍，能很快地将室上性激动传导至心肌细胞。

2.2　心电图的产生机制

哺乳动物的心脏会产生微弱的生物电流，利用设备采集这些生物电，最后以图形的形式输出，得到心电图，它能提供心脏电活动的信息。

2.2.1 单细胞电活动

安静状态下的心肌细胞膜内附有一层负电荷，其膜外带有一层正电荷，两面电荷的数量相等，这就是极化状态。细胞膜内外这种内负外正的电荷分布，势必会在细胞膜两侧产生电势差，利用微电极测量静息状态下的心肌细胞，这个电势差为–50 ~ –90 mV，因为这一电势差是穿过细胞膜而测得的，故称为跨膜静息电位。

2.2.2 单细胞除极和复极

当极化膜的某一点受到刺激，该处细胞膜通透性以及两侧电荷发生改变时，就开始了除极。除极的最终目标是使极化膜变成外负内正的状态，膜电位从–90 mV翻转为+30 mV，随后进入复极。除极和复极的过程就是心肌细胞动作电位形成的过程。

动作电位的产生是带电荷的离子通过离子通道、离子转运体等途径进出细胞的结果。心肌细胞从受刺激的部位开始除极，然后扩展至整个细胞。

细胞受刺激处率先除极，该处细胞膜表面失去正电荷变成一个电穴，这样附近尚未除极的细胞膜具有相对较高的正电势，形成电源。由于电势形成，电流从电源流向电穴，原先正电荷的电源部位变成负电荷的电穴，细胞膜外正电荷减少，同时正电荷进入细胞，跨膜电势差不断减小；一旦细胞膜内外电势差下降到一定值，细胞膜就会发生快速除极，除极后的部位转变成该处的电穴。除极就这样不断推进，顺着肌纤维方向扩展到整个细胞，直到细胞完成除极为止。

正常的单细胞复极程序和除极一致，即先除极的部分先复极，逐渐扩展到整个细胞。细胞膜外表面已复极部分和尚未复极部分之间又出现电势差；已复极的部分带正电荷，未复极的部分带负电荷，直到细胞完成复极为止。

2.2.3 心电图形成的二次投影学说

正如前面介绍的，心脏是由心肌细胞组成并具有瓣膜结构的器官，是人体的血液循环动力装置，其基本活动有两种：一种是机械活动，表现为收缩和舒张；另外一种是电活动，表现为心肌细胞的除极与复极，每一次除极与复极为一个心动周期。

心室的除极其实是无数心肌细胞除极向量的综合。同一时间内产生的很多向量，都能根据平行四边形法则将他们综合成一个向量，表示某一瞬间的向量总和。

心室除极时，随着时间的推移，会产生无穷的瞬间向量，利用特殊的设备把这些向量尖端在空间运动的轨迹描记下来，就是空间向量环。当额面QRS向量环投影在额面导联系统以及横面QRS向量环投影在横面导联系统时，就形成了ECG。这就是ECG形成的第二次投影学说。

2.3　心电图的组成

心肌细胞兴奋产生的激动在人体体表由带有阳极和阴极的导联线采集到，通过放大滤波等操作记录下来，便成为ECG。典型的正常人ECG由一系列周期性波形组成，图2-2所示为一个心动周期的心电图波形。下面对组成心电图的各个波形、时段和间期进行介绍。

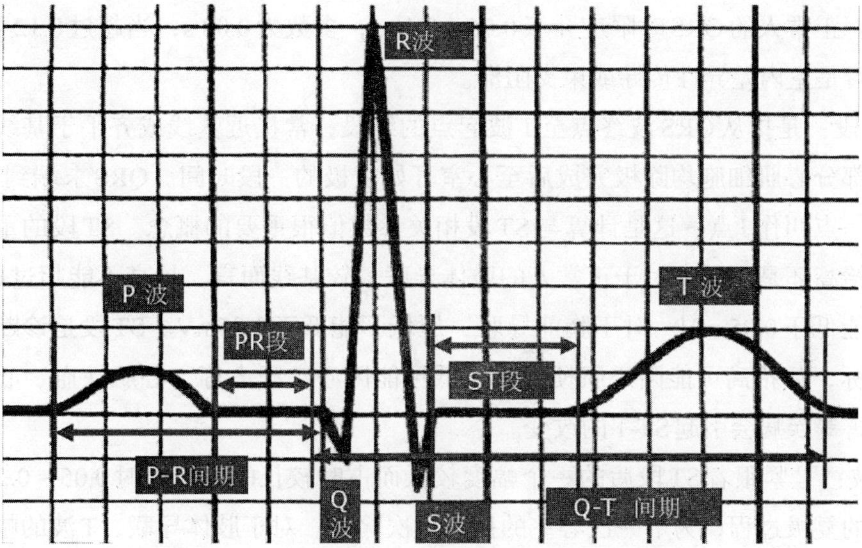

图2-2　典型的正常人心电图

P波：正常心脏的节律性电激动起源于窦房结。窦房结位于右心房的外膜上，是一个卵圆形的柱体，故窦房结产生的激动首先传导至右心房，然后通过房室束传达到左心房，形成P波。因此，P波是ECG一个心动周期内的第一个波形，代表着兴奋在心房传导过程中的心电活动，是左右心房和房间隔在去极过程中产生的除极波。正常P波的时间不超过0.11 s，在肢体导联中，幅度不超过0.25 mV，在胸前导联中，幅度不超过0.15 mV。由于窦房结兴奋时产生的综合电位较小，所以P波的典型形态是小且圆钝，在体表心电图上较其他波形而言较难被记录到，并且在各导联上的形态也有所不同。

PR段：是指在一个完整的心动周期中，P波终点至QRS波起点之间的心电曲线，常与基线齐平，它反映兴奋通过心房后再向心室传导过程中的电位变化。

P-R间期（后简写为PR间期）：是指从P波起点到QRS波起点之间的时程。虽然这实际上测量的是PQ间期，但由于一直以来的习惯，故称为PR间期，正常窦性心律时，为0.12 ~ 0.20 s。PR间期是心房开始除极到心室开始除极的时间，代表着窦房结产生的兴奋经由心房、房室交界、房室束向心室的激动传导过程。PR间期不应该超过0.21～0.22 s，否则应判断是否患有房室传导阻滞。

QRS波：又称为QRS波群。它是左右心室和室间隔除极过程所产生的电位变化，代表心室的除极过程。对典型的QRS波而言，第一个负方向的波定义为Q波，当其宽度和幅度分别不到0.04 s和0.15 mV时，定义为Q波；而后不管有没有出现q波或Q波，第一个正方向的波，都定义为R波；R波出现后的负方向的波，定义为S波。要注意的是，当R波消失时，应该将这种QRS波称为QS波，而不是负向R波或大Q波。正常人的QRS时限应介于0.06～0.10 s，多数为0.08 s，当超过0.12 s时，应判断是否是室内差异性传导或束支阻滞。

ST段：是指从QRS波终点至T波起点的线段，常接近基线或齐平于基线，代表心室各部分心肌细胞均除极完成后至心室开始复极的一段时间。QRS末端到ST段开始的那一点叫作J点，这是计算与ST段相关参数值很重要的概念。ST段的重要性在于它是抬高还是压低。对于正常人的肢体导联，较基线而言，抬高不能超过0.1 mV，压低不能低于0.05 mV。对于胸前导联，压低不能低于0.05mV。ST段是诊断多种疾病的指标，如抬高可能因心肌梗死，压低可能因心室肥大等，心肌缺血、心肌炎和心肌损害等疾病会引起ST-T的改变。

T波：是紧跟着ST段后的一个幅度较低而占时较长的波，历时0.05～0.25 s，代表心室的复极过程，为下一次心室的搏动再次除极。对于肢体导联，T波的幅度很少超过0.5 mV；对于胸前导联，很少超过1.0 mV。许多疾病会导致T波形态发生改变，如T波低平倒置可能因心肌缺血，异常高尖的T波可能是急性心肌梗死的早期或高血钾。

Q-T间期（后简写为QT间期）：是指从QRS波的起点到T波终点的时程，时间介于0.3～0.4 s，反映了心室从开始除极到完全复极所经历的时间。由于QT间期受到心率高低的影响，因此引入了QTc的概念，最常用的是Bazett公式：$QTc=k\times\sqrt{RR}$，其中k为一常数。QT间期的延长或缩短都有着重要的临床意义。QT间期的延长可能是由于心衰、风湿热、电解质紊乱、心肌炎等引起，也可能是受到了药物的影响。QT间期的缩短，可能是由高血钙症、心室颤动、使用洋地黄制剂等引起。

U波：是心电图最后一个被定义的波，幅度微小，一般与T波的方向一致。正常U波在V_2和V_3导联较为明显，其他导联并不显而易见。目前认为它与心室的复极有关，是浦肯野纤维或心室乳头肌的复极波，但尚无定论。左总冠状动脉把倒置U波认为是可靠的佐证。

2.4　心电图的测量

2.4.1　标准十二导联

ECG的测量方法目前已经多种多样，在描迹ECG时离不开导联，导联的作用是将心脏电活动传至体表的电位变化输入心电记录设备中。

导联由电极片和导线组成，因安装在人体表面的位置不同，导联记录的ECG波形也会有所不同。通常可以将导联分为额面导联（肢体导联）和水平面导联（胸前壁导联），以分别观测心脏的上下、左右和前后的电活动。标准12导联即常规12导联，其包括六个肢体导联（Ⅰ、Ⅱ、Ⅲ、aVR、aVL、aVF）和六个胸导联（V1、V2、V3、V4、V5、V6）。标准12导联是心电图日常诊断中最常用的导联。

标准肢体导联如图2-3所示，这类导联以爱氏（Einthoven）三角理论为基础设计，分别标记为Ⅰ、Ⅱ、Ⅲ。其中Ⅰ导联的左上肢电极（黄色）接正极，右上肢电极（红色）接负极，反应左上肢与右上肢的电位差。当左下肢的电位高于右上肢的电位时，描迹的波形向上，反之则波形向下。Ⅱ导联左下肢（绿色）接正极右上肢（红色）接负极，左下肢电位高于右上肢时，描迹的波形为正方向，反之则为负方向。Ⅲ导联左下肢接正极，左上肢接负极，当左下肢的电位高于左上肢时，波形向上，反之则波形向下。

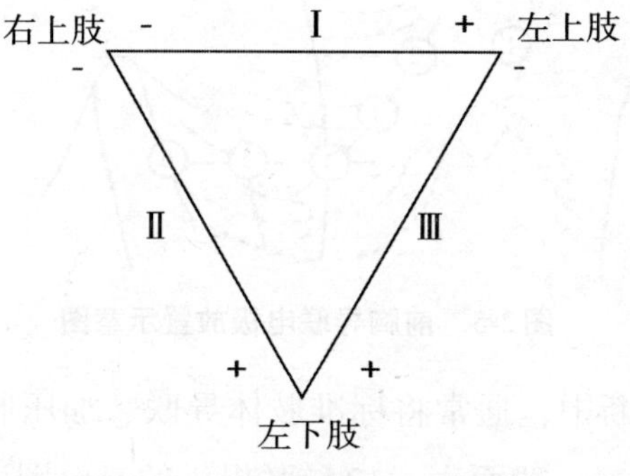

图2-3　标准肢体导联示意图

加压肢体导联由单极肢体导联发展而来。1942年，Goldberger对能记录体表某一点电位的单极导联的线路进行了改进，在原本单极导联记录的波形不变的情况下，使得图形的波幅度增大了50%，这样既能观测又不影响单极性质。加压单极肢体导联有aVR、aVL、aVF，其中a代表增加，V代表电压，R、L、F分别代表右上肢、左上肢和左下肢，其接法如图2-4所示。

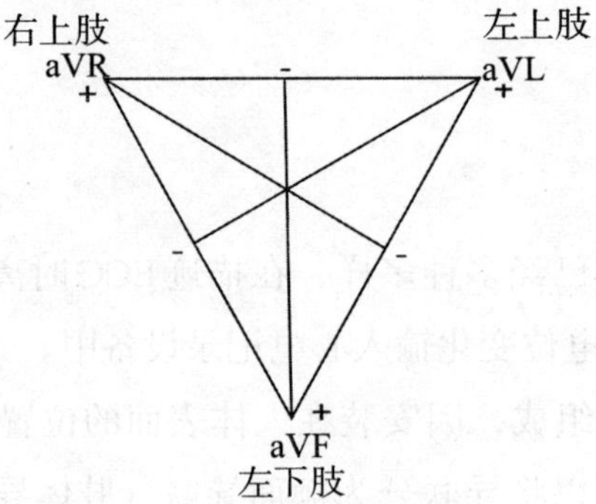

图2-4 加压肢体导联示意图

前胸导联又称为单极胸导联，一共有6个，分别用V1、V2、V3、V4、V5和V6代表，一般用红、黄、绿、棕、黑、紫6种颜色作为标记。前胸导联是20世纪三四十年代由Ann Arbor和Wilson等人发明。它将三个标准导联的电极连在一起作为负极，将正极放置在人体前胸的6个不同部位，以此来记录身体前胸不同部位的心电信号。胸前导联的位置如图2-5所示。

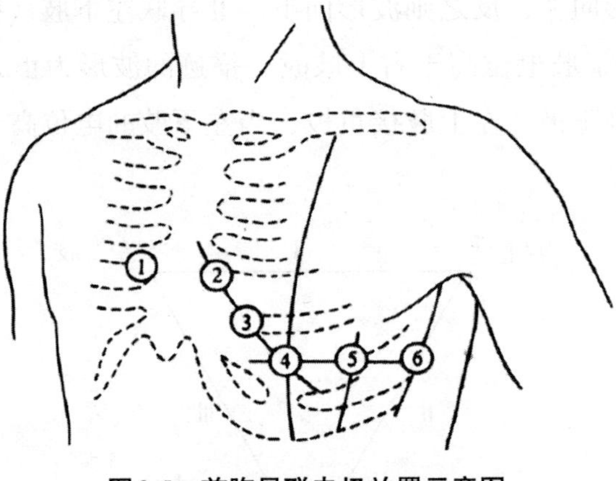

图2-5 前胸导联电极放置示意图

在日常心电图的诊断中，通常将标准肢体导联、加压肢体导联、前胸导联的心电图合称为标准12导联。一般而言，12导联提供的心电图已经能基本满足诊断和监护需求，但是在情况下，比如右心室肥大、右心室梗死、正后壁心肌梗死等，还需要额外附加部分导联。常见的被广泛接受的导联有右侧胸导联和后壁导联等。

2.4.2 心电记录设备

心电图机和心电监护仪常用于医院的诊断和监护中，是最常用的心电记录设备，但是其应用场景和条件受到限制，对于心律失常、缺血性心脏病等检出率不高，于是又出现了Holter长程动态心电记录仪用于弥补该缺点。后来随着信息技术的快速发展和众多低功耗生理信号前端芯片的出现，大量成熟的面向消费者的便携式和可穿戴式的心电信号采集设备面世。当前，获取心电信号的途径已经广泛多样。

心电图机是一种记录心肌细胞除极和复极产生的点位变化的仪器，它将12导联探测到的心电信号描迹在专用的心电图纸上，是医院最为常规的心电图获取方式之一。心电图机所用的心电图纸是一种坐标纸，由很多的正方形小格子组成。每一个小方格的高度和宽度均为1 mm，横向宽度代表心电图波形的时间，纵向高度代表心电图波形的振幅。当心电图机定标电压为1 mV、走纸速度为25 mm/s时，每一个小方格高度代表的电压为0.1 mV，宽度代表的时间为0.04 s。横向和纵向上的每5个小方格组成一个中格，按照上面的标准，一个中格所代表的时间为0.2 s，代表的电压为0.5 mV。横向和纵向上的每5个中格组成一个大格，一个大格所代表的时间为1 s，电压为2.5 mV。医生通过观测心电图在图纸上的宽度和高度，计算得到所需的ECG波形信息。

心电监护仪操作简单，监测准确，是医院常用的心电监护设备之一。该设备能实时获取患者的标准12导联心电信号，并具备存储、分析和预警功能。除此之外，一些心电监护仪还能同时提供患者的呼吸、体温和血压等其他生理信息，如果存在额外导联，其还能提供附加的导联信息。

近年来，国内Holter动态监测技术迅猛发展，其仪器由最开始的磁带式记录发展为固态式记录、闪存卡记录。它所用导联由单导、双导发展为标准12导联全记录。这种设备可连续记录24小时心电活动的全过程，包括休息、活动、进餐、工作、学习和睡眠等不同情况下的ECG资料，能够用来发现静态ECG不易发现的心律失常和心肌缺血，是临床分析病情、确立诊断和判断疗效的重要客观依据。随着当前动态监护领域的进一步拓展，Holter检测的内容已经包括动态心电/动态血压/动态睡眠呼吸等多种参数。

便携式心电设备的发展近年来也十分迅速。相比于24小时长程Holter系统获取的心电信号，便携式心电设备的使用更加舒适和便捷，且监控时间更长，同互联网设备相连，使用者也能实时看到自己的心电信号。便携式设备所用的导联多种多样，一般记录单个导联心电信号。通常情况下，可穿戴式背心或贴片式心电记录设备采集前胸导联心电信号，智能手表或者手环等佩戴式设备采集标准肢体导联的心电信号。目前，便携式心电监护设备已由最开始的模拟电路采集向单芯片生理信号采集前端转化，采集到的心电信号精度和质量也在不断提高。此外，便携式心电记录设备发展成各种各样的形态，很好地扩展了其适用场景和佩戴的舒适性。目前，市面上也出现了一种将便携式心电监护同成熟的4G、Wifi和蓝牙相结合的远程心电监护模式，运用医疗大数据技术，能够做到在日常生活条件下的心电信号的初步分析和监护，对心脑血管的监护、管理和防治起到重要作用。

2.5 公开可用的心电图数据库

ECG信号处理算法的发展离不开来自于临床的大量真实的ECG数据。因此，本书介绍了几个可以免费获取各类ECG的数据库。

2.5.1 心律失常数据库

MIT-BIH心律失常数据库（MIT-BIH Arrhythmia Database）（http://physionet.org/physiobank/database/mitdb/）是由美国麻省理工学院与波士顿Beth Israel医院为心律失常分析和研究而共同建立并维护的心电数据库，MIT和BIH分别是前者和后者的简称，这也是数据库名称的由来。

MIT-BIH心律失常数据库是目前国际上公认的广泛使用的三大标准心电数据库之一，是心律失常判断算法的标准测试数据库，其他两个是美国AHA心律失常心电数据库和欧洲ST-T心电数据库。此外，欧盟的CSE心电数据库也常被用到。本书介绍的数据选自1975—1979年Beth Israel医院采集到的4000多个长时程的Holter记录。60%的记录是从住院病人获得的，其余来自门诊病人。该数据库共有48个记录，每个记录时长30多分钟。这些数据来自25个男性和22名女性，共47人。男性年龄为32 ~ 89岁，女性年龄为23 ~ 89岁，其中201号和202号来自同一个男性被试者。

全部48个记录均包含两通道的心电信号，其中大多数记录采用修正后的肢体Ⅱ导联（数据库用MLⅡ标识表示）和修正后的V1导联。心电波形特征通常在MLII导联比较明显，所以大多数基于单导联心电图的心律失常判断算法都是采用此导联的数据。数据的采样率为360 Hz，A/D分辨率为11位，信号增益为200。

每个记录都由两个心脏病学专家独立加以注释，当出现差异时，重新审查并协商后决定。除了注释异常心拍外，数据中也添加了节律注释、信号质量注释。专家注释中难免发生错误，也在不断地被发现和更正。

为了减小文件长度和节省存储空间，数据库使用了人为定义的格式。每一个记录包含三个文件，分别是头文件、数据文件和注释文件。头文件说明了文件名、存储格式、增益值和基线等信息，存储方式为ASCII码字符，后缀名为.hea；数据文件是采用“212”格式存储，后缀名为.dat；注释文件是记录专家注释的结果，采用MIT格式，以二进制存储，后缀名为.atr。数据库专家注释的对应关系如表2-1所示。

表2-1　MIT-BIH心律失常数据库专家注释与代码之间的对应关系

注释代码	标识	说明	注释代码	标识	说明
0		无QRS	20	D	舒张期
1	N	正常心拍	21	"	评论注释
2	L	左束支阻滞心拍	22	=	测量注释
3	R	右束支阻滞心拍	23	p	P波峰值
4	a	房性期前收缩伴室内差异性传导	24	B	束支传导阻滞
5	V	室性期前收缩	25	^	未下传的起搏器伪迹
6	F	室性融合心拍	26	t	T波峰值
7	J	交界性期前收缩	27	+	节律改变
8	A	房性期前收缩	28	u	U波峰值
9	S	室上性期前收缩或异位搏动	29	?	在学习中未分类心拍
10	E	室性逸搏	30	!	室扑
11	j	交界性逸搏	31	[	室扑或室颤开始
12	/	起搏心拍	32	]	室扑或室颤结束
13	Q	未分类心拍	33	e	房性逸搏
14	~	信号质量改变	34	n	室上性逸搏
15	|	孤立的类QRS伪迹	35	x	未下传的P波
16			36	f	起搏心拍和正常心拍融合
17	s	ST段改变	37	(	波形开始(QRS波起点)
18	T	T波改变	38	)	波形结束(QRS波终点)
19	*	收缩期	39	r	R-on-T室性期前收缩

2.5.2　房颤数据库

房颤数据库（http：//physionet.org/physiobank/database/afdb/）包括25个长期的房颤（主要是阵发性）ECG记录。其中，23个记录包括两个通道的ECG信号（在.dat文件中）；00735和03665记录仅用心律（.atr）和未经审计的节拍（.qrs注释文件）表示。

每个记录的持续时间为10 h，两个通道的ECG信号采样率为250Hz。ADC分辨率为12位，范围为±10 mV的范围内。最初的模拟记录是在波士顿Beth Israel医院（现在的贝斯以色列女执事医疗中心）采用动态心电图记录仪采集的，其典型记录带宽约为0.1 ~ 40 Hz。心律注释文件（后缀为.atr）是手动标注的，这些文件包含心房颤动、心房扑动、房室结节律和其他心律类型的心律注释（原始心律注释文件仍在旧目录中可用，使用AF、AFL、J和N来标记这些心律，此目录中的ATR注释已进行了修订，与MIT-BIH心律失常数据库中的注释一致）。后缀.qrs的注释文件是使用自动检测算法获得的，但没有经过人工修正。后缀为.qrsc是经过手动修正的节拍注释文件。

2014年3月，Henian Xia报告.qrs注释与记录07859中的心电图波形不一致，调查显示记录开始时有2569个样本丢失。原始注释文件已重命名为07859.qrs-，重新修订的版本（没有最初的14个注释）目前也可使用（标记为07859.qrs）。

2.5.3 长时房颤数据库

长时房颤数据库（http：//physionet.org/physiobank/database/ltafdb/）包括84例阵发性或持续性房颤（Atrial Fibrillation， AF）患者的长期心电图记录。每个记录包含两个通道同时采集的心电信号，采样率为128 Hz，ADC为12位，范围为20 mV；每个记录的持续时间不同，但通常为24～25 h。

该数据库提供了两组注释：qrs注释是由自动QRS检测器生成的，在这些注释文件中，所有检测到的心拍（包括偶尔的心室异位跳动）都标记为N，检测到的伪影标记为“|”，AF终止标记为“T”；后缀为.atr的注释是通过手动查看自动心电图分析系统的输出得到的，在这些注释文件中，所有检测到的心拍都按类型进行标记，心律变化也进行了注释。

2.5.4 QT数据库

QT数据库（http://physionet.org/physiobank/database/qtdb/）总共包含105个15 min的两通道心电图记录。这些记录无明显的基线漂移或其他伪影噪声。在每一个记录中，采样率均为250 Hz，其中30～100记录包含有代表性的心拍，由心脏病学家手工标注。他们标注了P波的开始、峰值和结束、QRS波群的开始和结束（通常在R波峰值处的QRS基准标记由一个自动的QRS检测器给出）、T波的峰值和结束，以及U波的峰值和终点。

第3章

ECG伪差检测方法

3.1 ECG信号与伪差信号

ECG信号是心脏的电生理情况在体表的投影，能够反应心脏电生理活动情况。而伪差信号是由于电极接触不良、电极脱落或者病人运动导致的心电图的信号伪影，它包括采集到的完全是伪差信号的信号段，和被干扰严重污染的且基本无临床诊断价值的ECG信号段。两类信号都是从心电采集系统中采集到的信号，故都可以称为ECG信号。为了实现这两类信号的计算机判断，这里将能够真实反映患者ECG变化情况的信号称为0类信号，0类信号既包括健康人的ECG信号又包括心脏疾病患者的ECG信号。将伪差信号称为1类信号，1类信号包括完全伪差信号和受到干扰污染而无法反映ECG特征的ECG信号段。0类信号包含有心脏电生理特征，而1类信号则不能揭示心脏电生理活动。

1类信号是纯噪声或者完全被干扰污染的ECG片段，频率覆盖了正常ECG信号的频段，时域上表现为杂乱无章的波形。在诊断前，如果能够把1类信号从ECG中检测出来，则有利于降低基于ECG的误诊，提高诊断准确性。

0类信号的主要特点包括完整的节律信息和较为规则的波形。0类信号主要分布在0.5 ~ 40 Hz。健康人的0类信号节律特征明显，正常人的心率范围是60 ~ 100次/分钟。然而对于心脏病患者尤其是心律失常患者来说，0类信号则呈现出不规则的特性，RR间期不再具有严格的规律性。在波形方面，健康人的0类信号包含P波、QRS波群、T波（U波）等特征波，而心脏病患者的0类信号则体现出一定的多样性，可能包括P波消失、T波扁平、T波双向等。

大多数情况下0类信号和1类信号容易被人工识别出来，但是心脏病患者的0类信号和1类信号区分度则没有那么明显，如图3-1所示。

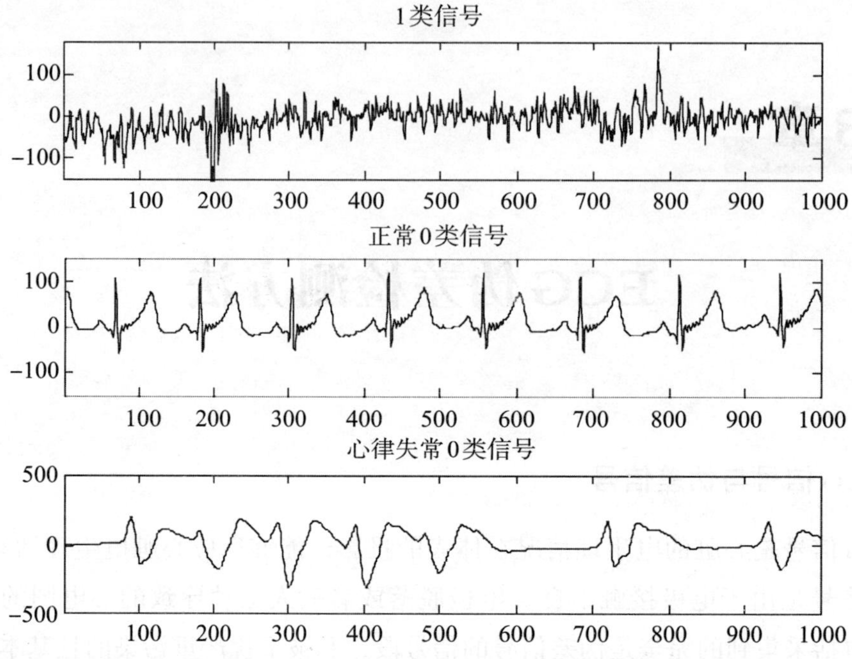

图3-1　0类信号与1类信号示意图（三段信号的采样频率均为250Hz）

从本质上来说，0类信号之所以能够被人工识别，是因为它具有一定的节律性。不管是心脏病患者还是健康人，特征波总是会在一定时间内出现，但是如何将这种节律性进行数量化表征是解决这个问题的难点。仅仅通过R峰的定位，根据QRS波群出现的频率来表示信号的节律性是困难的。原因在于利用QRS波群定位算法定位1类信号时，同样会得到特征位置。由于这些位置不是真实QRS波群的位置，利用他们计算得出的心率等指标是错误的。而1类信号错误的节律信息易与心律不齐患者的0类信号的节律信息混淆，无法区分两类信号。

3.2　方法设计

ECG信号伪差检测算法的目的是在随机出现的0类信号和1类信号中找到1类信号所在位置。众所周知，通过计算相关系数能够反应两个信号波形的相似程度。两个信号的相似程度越高，其相关系数也就越大。本书介绍的两种伪差信号检测方法（简称为方法Ⅰ和方法Ⅱ）都是利用相关运算对0类信号和1类信号加以区分。

本书中，我们采用的相关分析是皮尔逊积差相关，它用于计算两个变量的相似性。假设用X和Y表示2个长度相同的信号，μ_x、σ_x、μ_y、σ_y分别为X和Y的均值和标准差，则两者的相关系数和方差的计算方法如下

$$\rho_{XY} = \frac{\sigma_{XY}}{\sigma_X \sigma_Y} \tag{3-1}$$

$$\sigma_{XY} = \frac{1}{N}\sum_{i=1}^{N}\left[X(i) - \mu_X\right]\left[Y(i) - \mu_Y\right] \tag{3-2}$$

方法Ⅰ是基于相关分析、主成分分析和频谱分析等技术，方法Ⅱ是基于相关分析和形态分析等技术。根据方法Ⅰ和方法Ⅱ各自的技术特征，我们把它们分别命名为多参数判别法和变长模板法。

3.2.1 方法Ⅰ：多参数判别法

方法Ⅰ包括两个基本模块：形态分析和信息提取。形态分析主要指的是相关分析，通过计算相关系数确定信号的节律性。信息提取模块包括主成分分析和频域分析。首先，对输入ECG信号做形态分析；其次对ECG信号进行信息提取，对信号所含的心电信息量进行检测；再次综合形态和信息量的指标，确定最优化区分两类信号的阈值；最后根据阈值，判定最终分类结果。方法Ⅰ的方框图如图3-2所示，具体实现步骤如下。

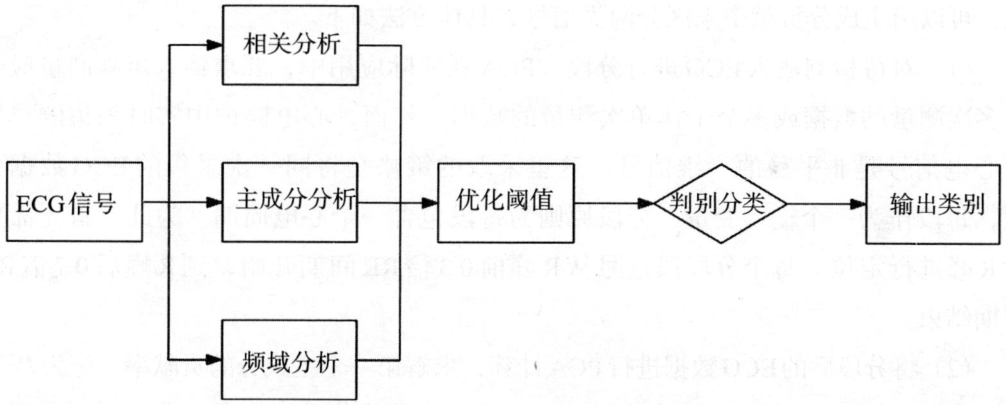

图3-2 方法Ⅰ的方框图

首先对待检测的输入ECG信号进行等长度分段，方法Ⅰ对每个分段的信号类型做一次判别。设每个输入信号分段长度为w_1 s，且要求w_1大于2 s。

步骤1：相关性分析。两个信号之间的相关系数越大，说明两个输入在逐拍形态上有越高的一致性。因此，方法Ⅰ提出采用窗内最大移位相关系数作为评价两个信号形态相似程度的指标。把窗内移位相关系数的最大值记为R_{max}，其具体计算方法如下：

（1）提取待检测输入ECG信号分段的前2 s数据作为模板。模板长度选择为2 s的原因是0类信号的一个心动周期在1 s左右，因此在绝大多数情况下模板中包含了至少一个心动周期的信号。由于1类信号没有周期性这一特征，所以模板和以模板为窗截取的待检测ECG信号之间计算得到的R_{max}具有区分两类信号的能力。0类信号R_{max}值的比较大，而1类信号的R_{max}值比较小。

（2）将模板从待检测输入ECG信号分段的起始点开始以一个采样点为步长移位进行滑动，在模板的每一个位置上均计算一次模板和模板窗内输入信号之间的相关系数。要求每个输入信号分段长度w_1大于2 s，是为了确保模板在恰好移过0类信号的一个心动周期时的相关系数存在一个局部最大值，即出现逐拍的形态相似性。1类信号由于其随机性，所以其逐拍相关系数在移位过程中将持续较低。提取整个待检测输入ECG信号分段中相关系数的最大值R_{max}。值得注意的是，这里的R_{max}是排除相关系数为1后的局部最大值。原因是模板取自每个分段的前2 s，会出现一次模板和与模板完全相同的信号之间的相关系数计算，其值为1。

步骤2：主成分分析（PCA）。传统上，主成分分析主要用于减少数据集的维数，同时保持数据集对方差贡献最大的特征。该方法中，PCA主要用来计算表征信号中的主要成分对总体的贡献率。0类信号中主要的信号是有节律的心电特征波，对总体的贡献率较高，而1类信号的各个成分分布较分散，主成分的贡献率较低。因此，可以用主成分贡献率来区分两类信号，具体方法如下。

（1）对待检测输入ECG进行分段。PCA在实际应用中，要求输入矩阵向量应当为多次测量的数据或多个个体单次测量的数据。然而，心电监护中实时采集的单导联心电信号是非平稳的一维信号。这里采取的策略是将同一次采集的ECG数据分段，每段作为一个输入变量。分段原则为每段包含一个心电周期。为此，首先需要对R峰进行定位。每个分段段信号从R峰前0.3倍RR间期开始，到R峰后0.7倍RR间期结束。

（2）将分段后的ECG数据进行PCA计算，求解第一个主成分的贡献率，记为$P_{\lambda1}$。

步骤3：频谱分析。在正常人的ECG信号（即0类信号）功率谱中，QRS波群的大多数功率谱集中为3～40 Hz，P波和T波的功率谱主要为0.7～10 Hz。由于0类信号和1类信号的频谱差异，可以采用功率谱参数来区分0类信号和1类信号，具体方法如下。

（1）对待检测输入ECG信号做快速傅里叶变换（FFT），求得信号的功率谱。

（2）将0.5～40 Hz的信号总幅值与全频率段信号总幅值之比定义为信噪比。因此，信噪比可以用来衡量待检测输入ECG信号中的心电特征波信息含量。显然，ECG信号被干扰淹没得越严重，其信噪比越低，因此0类信号和1类信号的信噪比存在差异，可以用P_{sn}来区分两类信号。

对待检测ECG信号执行了相关分析、PCA和频谱分析后，我们得到了三个特征参数：R_{max}、$P_{\lambda 1}$和P_{sn}。尽管三个参数单独都对0类信号和1类信号有一定的区分能力，但是在某些情况下会因为输入ECG信号的多样性而失效。比如，如果输入的1类信号本身带有一定的节律性，那么相关方法则容易将它与0类信号混淆。如果输入的0类信息包含比较高的噪声成分，PCA方法和频谱分析方法可能将它错判为1类信号。因此，需要将三个参数统筹起来对一个信号做出最终的类型判定。因此，本书设计了ECG伪差信号检测算法，具体如下。

（1）如果待检测ECG信号分段得$P_{\lambda 1}>0.9$，则判别该段ECG信号为0类信号，否则进行步骤2。

（2）如果$R_{max}>0.61$，或者$P_{sn}>0.85$，或者$P_{sn}<0.44$，或者POW>70，则进行步骤3，否则进入步骤4。其中，POW是待检测ECG信号功率谱的最大幅值。

（3）如果$0.54*R_{max}+0.42*P_{\lambda 1}+0.04*P_{sn}>0.5$，则判别该ECG信号为0类信号，否则为1类信号。

（4）如果$0.77<P_{sn}<0.85$，则判别该输入ECG信号为1类信号，否则判别为0类信号。

上述检测算法中得阈值均基于大量的实验数据确定，方法Ⅰ的准确性和有效性将在后面实验部分进行验证。

3.2.2　方法Ⅱ：变长模板法

方法Ⅰ充分利用了ECG信号在波形和频域上的特征，能够对0类信号和1类信号加以区分。由于方法Ⅰ是通过多种参数进行伪差检测，检测流程较为复杂，所以该方法的计算量比较大。因此，本书建议了方法Ⅱ。方法Ⅱ利用心率分析和相关分析来检测1类信号。通过对输入信号作心率分析，可以将节律明显异常和QRS幅度明显异常的ECG片段确定为1类信号。通过相关分析，可以根据逐拍相似性对信号进行筛选。

首先对待检测输入ECG信号进行分段，设分段长度为w_2 s，方法Ⅱ按每个分段作伪差识别检测。

（1）心率分析

QRS定位算法是一种成熟的算法。在大多数情况下，对ECG信号QRS的定位精度可以达到99%左右。对于0信号，采用QRS定位算法会定位到准确的QRS波群，依靠QRS位置，可以计算出患者的心率。对于1类信号，本身没有明显的QRS波特征，将QRS定位算法应用于1类信号后，定出的QRS位置会十分不规则，在分段w_2 s

内会出现RR间期的严重不齐。此外，在消除基线漂移的干扰后，0类信号的R峰幅度在w_2 s内变化程度会比较规则，而1类信号的R峰幅度则变化比较剧烈。因而利用RR间期变化程度和R峰幅度的规则程度，可以将一部分1类信号分辨出来。

标准差是每个数据采样点偏离平均数的平方根，可以用来表征一组数据普遍偏离均值的程度。标准差越大，说明数据离散程度越高。方法Ⅱ通过计算RR间期和R峰幅度的标准差来衡量w_2 s内特征参数的离散程度。记分段w_2 s内RR间期的标准差为std（RR），w_2 s内R峰幅度的标准差为std（Ramplitude）。设用来区分两类信号的RR间期标准差的阈值为Thr_{RR}，R峰幅度标准差的阈值为$Thr_{Ramplitude}$。如果一个分段的RR间期标准差和R峰幅度标准差分别大于对应的阈值，则可以判别该ECG分段信号为1类信号。否则，需要对该分段信号做进一步的相关分析。

（2）相关分析

方法Ⅰ已经对相关分析做了探讨。由于方法Ⅱ希望简化这一检测过程，使得相关系数的计算比方法Ⅰ更为准确。一方面，方法Ⅰ采用了固定长度的模板来与待检测输入信号进行相关。如果输入信号的心率很慢，模板内可能出现不包含特征波或包含的特征波不完整的情况，此时相关系数就无法真实反映出输入信号的节律性，相关分析就难以分辨0类信号和1类信号。另一方面，方法Ⅰ取待检测输入信号的前2 s为模板，这种模板选取方法带有有一定的随意性，忽略了待检测输入信号中特征波的位置，可能导致模板内QRS波位置的不确定性。但方法Ⅰ这种简单的模板选取法可以简化分析。

方法Ⅱ采取了更加精确的模板选择策略，以获得更能体现ECG信号特征的相关系数。为此，方法Ⅱ引入了一种新的模板选取方法。首先，确定每一个QRS波群的位置；选取每一个R峰前0.3*RR间期到R峰后0.6*RR间期内的信号为模板。这样做可以保证每一个模板内包含一个ECG心动周期的最完整特征波形。需要指出的是，如果出现RR间期过短的情况，需要对模板长度进行调整。如果截取的模板长度小于100 ms，则需要选取R峰前0.3*RR间期之后的700 ms作为模板。模板长度不能过短的原因是避免出现模板内只包含一个波动的情况。此时，相关系数反映的不是待检测输入信号的节律信息，而是它的波动情况。

选取模板过后，采用与方法Ⅰ相同的思路计算在分段w_2 s内的皮尔逊相关系数，但方法Ⅱ选取第三大的相关系数波峰作为鉴别参数，记为R_{max2}。这里选取第三大的相关系数R_{max2}，是因为最大相关系数是1，此时一定是模板与自身的自相关系数，不能体现模板与待检测信号的相似性。第二和第三大的相关系数可以表征待检测信号是否重复出现了与模板波动特征相似的波形。由于1类信号出现三段相似波形的概率小于出现两段相似波形的概率，这里为了进一步降低1类信号的误检率，故选择第三大的相关系数作为鉴别参数。

设区分1类信号和0类信号的R_{max2}阈值为Thr_{max}，则方法Ⅱ的算法流程图如图3-3所示。

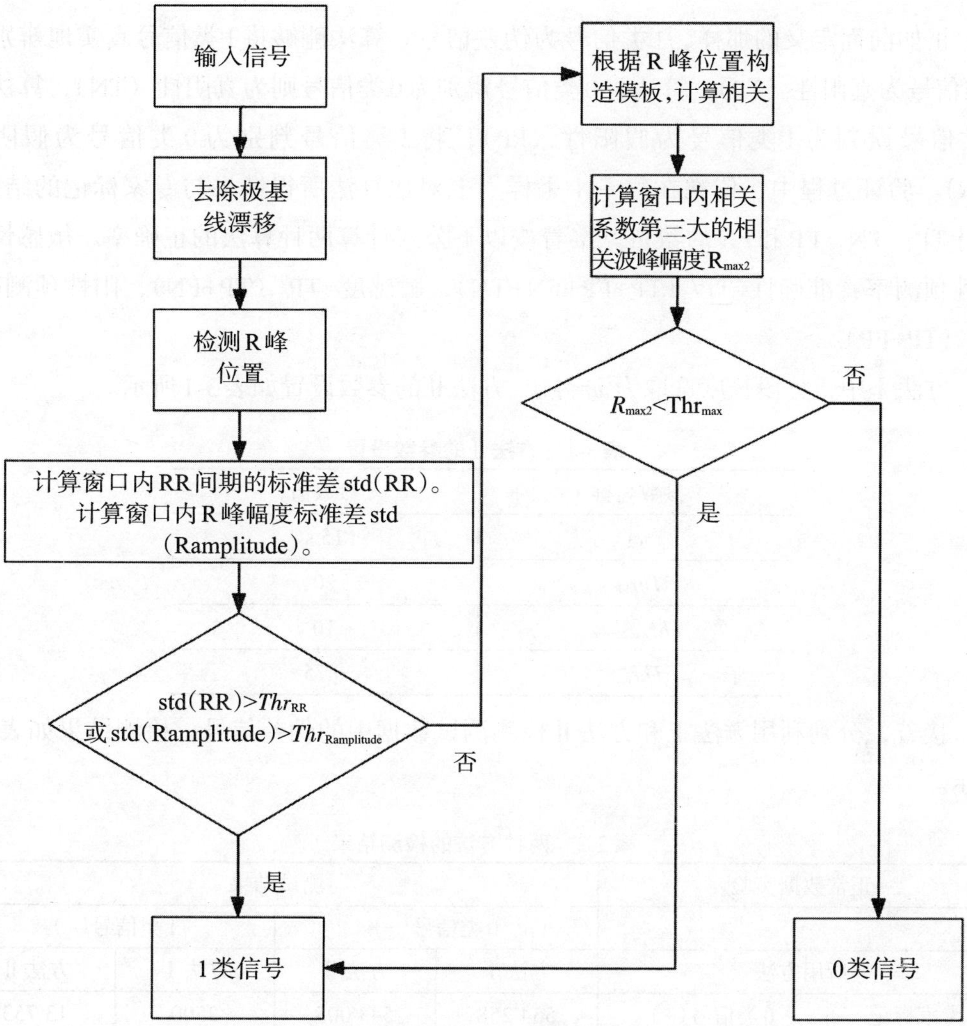

图3-3　方法Ⅱ的算法流程图

3.3　方法的实验验证

3.3.1　实验数据

为了评估本书提出的两种算法的准确率和敏感性，我们引入标记过0类和1类信号位置的实测ECG信号作为测试数据。ECG数据来源为第二届“迈瑞杯”医疗仪器设计大赛的测试数据。测试数据的采样频率为250 Hz。测试数据中包括健康人的ECG信号、心律失常患者的ECG信号（房颤、房扑、室性早搏等）、电极脱落的实测信号等，共计25组。其中，标记为0类信号和1类信号的数据总长度为2394.7 s 。

3.3.2 实验验证结果

正如前面定义的那样，1类信号为伪差信号。算法能够将1类信号真实地辨别为1类信号为真阳性（TP），算法将0类信号辨别为0类信号则为真阴性（TN）；算法将0类信号误判为1类信号为假阳性（FP），将1类信号判别为0类信号为假阴性（FN）。验证过程中，依次在每一个采样点上对比算法所得结果与专家标记的结果，统计TP、TN、FP和FN的数量。接着按以下公式计算两种算法的正确率、敏感性和阳性预测率：准确性=TP/（TP+FP+FN+TN），敏感度=TP/（TP+FN），阳性预测率=TP/（TP+FP）。

方法Ⅰ中，分段长度选取为w_1=4 s。方法Ⅱ的参数设置如表3-1所示。

表3-1 方法Ⅱ的参数设置

参数名称	参数值
w_2	15 s
Thr_{RR}	20
$Thr_{Ramplitude}$	10
Thr_{max}	0.75

接着，分别利用方法Ⅰ和方法Ⅱ检测测试数据中的伪差信号，检测结果如表3-2所示。

表3-2 两种方法的检测结果

正常数据实验		测试结果			
		0类信号(+)		1类信号(–)	
所用方法		方法Ⅰ	方法Ⅱ	方法Ⅰ	方法Ⅱ
专家标记	0类信号(+)	554 258	543 005	2500	13 753
	1类信号(–)	12 904	3252	29 001	38 653
测试数据总数		567 162	546 257	31 501	52 406

在大多数情况下，方法Ⅰ和方法Ⅱ都能够正确地判断待检测信号的类型。方法Ⅰ的TP、TN、FP和FN数量分别为29 001、554 258、2500和12 904。由此可见，方法Ⅰ的假阴性发生次数比假阳性多，也就是有一些1类信号被方法Ⅰ错误的标记为0类信号。这是以下几方面原因造成的：①由于方法Ⅰ的模板选自待检测信号的前2 s，选取位置具有随意性，有时模板内可能没有包含ECG的特征波。如果这种情况

发生，则模板会与多段待检测信号都具有相似的特性，导致1类信号也有较高的相关系数而发生误判；②在主成分分析计算过程中，如果1类信号具有对整体波形的波动贡献明显的成分，则该成分的贡献率会比较大，甚至达到与0类信号的最大主成分贡献率相当，增加了方法Ⅰ混淆0类信号与1类信号的可能性；③由于测试数据为实测信号，输入的0类信号中可能包含有严重的噪声成分，为了能够正确的区分这样的0类信号，方法Ⅰ在频谱分析中信噪比的权重设定时牺牲了部分判断1类信号的准确度。从整体上看，方法Ⅰ通过多种特征参数的联合运用，规避了采用单一特征参数进行判断带来的误判风险，多种特征参数能够在伪差信号检测上起到互为补充的作用。相关分析更多是考虑到波形的相似性，而PCA是从对波形的贡献层面表征待检测输入信号主成分对信号全体的贡献，通过频域分析对1类信号和0类信号从频域上加以识别。因此，方法Ⅰ中采用的三个特征参数从不同的维度对0类信号加以表征，增强了算法的鲁棒性。在绝大多数情况下，方法Ⅰ能够在很短的时间窗内，不需要先验信息的情况下完成对伪差信号的识别。

方法Ⅱ的TP、TN、FP和FN分别为38 653、543 005、13 753和3252。相对来说，方法Ⅱ的FP发生次数较多，也就是出现算法判断为1类信号而专家标记为0类信号的情况较多。发生此类现象的主要原因是，在较为严重的心律失常情况下，QRS定位算法不能够完全准确地定位R峰位置。优秀QRS波群定位算法的定位精度在99%左右，而在验证过程中出现判断错误的分段正是由于对R峰的漏检造成模板建立不准确，从而导致相关系数较小使得方法Ⅱ错误地将0类信号判断为1类信号。总体来说，方法Ⅱ在绝大多数情况下能够检测伪差信号，能够在降低检测复杂度的情况下没有降低对伪差信号的检测精度。它通过更为细致的模板选取和心率分析，在有限的计算量前提下最大程度发挥了相关分析表征输入信号逐拍相似性的能力。方法Ⅱ合理的模板选取策略使得伪差信号的正确检测数高达38 653。

根据表3-2的结果，可以计算出方法Ⅰ的准确率、敏感度和阳性预测率分别为97.42%、69.21%和92.06%，方法Ⅱ的三种指标分别为97.16%、92.24%、73.76%。两种方法的平均性能指标比较如图3-4所示。由此可见，两种方法的检测准确率基本相当。方法Ⅱ的敏感度优于方法Ⅰ，方法Ⅰ的阳性预测率则高于方法Ⅱ。方法Ⅰ在参数选取上的多样性，保证了其实时处理数据的能力。因此方法Ⅰ较之方法Ⅱ更适于处理对实时性要求较高的场合，比如心电监护系统。方法Ⅰ的阳性预测率较高能够保证在实时系统中每次检测到伪差信号的准确性，降低了因为错误的伪差信号检测而导致的假报警情况。方法Ⅱ在判断逻辑上更为简单明了，算法复杂度较低，但是它要求待检测输入数据分段比较较长，以保证算法的准确性。方法Ⅱ更适于一次性标记长时间ECG信号中的伪差信号检测。较之方法Ⅰ，方法Ⅱ检测长时间的待检测输入信号伪差的效率更高。方法Ⅱ较高的敏感度也保证了它对伪差信号的出现更为敏感，尤其在处理长时间的输入信号时不容易漏检伪差信号。综合考虑两种方法的性能指标可知，方法Ⅱ的综合表现略高，但是这是以牺牲一定的实时性换来的。两种方法在实际应用中各有优势，应根据伪差信号检测不同应用场合选择性地使用。

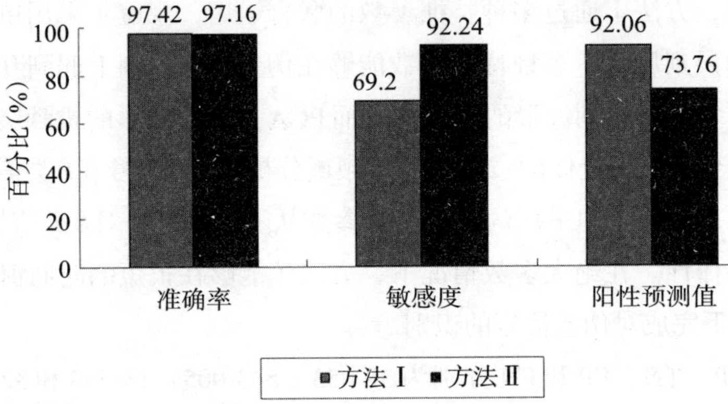

图3-4　两方法平均性能指标比较

3.4　本章小结

本章提出了两种用于检测ECG信号中伪差信号的算法。基于多参数分析的方法Ⅰ利用了相关分析、主成分分析和频谱分析来实现实时性较强的ECG伪差信号检测。它利用多种参数的优势提高了算法的鲁棒性，对于一些特殊的待检测输入信号（如较为严重的心律失常）有着较为出色的表现。方法Ⅱ基于心率分析和相关分析，在简化判别流程的前提下，优化了相关模板的选取方案，使相关运算能够更充分地揭示出待检测信号的节律特性。通过实测数据验证，两种方法适用于不同的伪差信号检测场合。方法Ⅰ更适用于对实时性要求较高的场合，而方法Ⅱ更适用于大规模数据的伪差检测场合。

本章使用的测试数据，既包括了健康人ECG信号和电极脱落段信号等较为理想的0类信号和1类信号，也包含了心律失常和高背景噪声等极端情况的信号。测试数据的多元性能够更充分地评估两种方法对不同待检测输入信号的综合表现，以验证算法的鲁棒性。

方法Ⅰ容易将高噪声的输入信号与伪差信号混淆，这是因为它对信号频率有较为严格的判定标准。这是一个在ECG伪差信号检测中尚未解决的问题。方法Ⅱ在对心律失常患者的ECG信号分类上更容易发生两类信号的分类错误。原因在于方法Ⅱ

的模板选取依赖于正确的R峰定位，而现有的R峰定位算法应用于心律失常病人的ECG时会出现相对较高的漏检率和错检率。模板选取的不准确是造成方法Ⅱ出现分类错误的主要原因。

我们今后的研究工作将试图实现更为准确的R峰定位算法，尤其是在心律失常等情况下降低R峰的漏检和错检，以进一步提高ECG伪差信号检测算法的分类正确率。此外，还需要进一步优化算法流程，提高方法Ⅰ和Ⅱ的实时性。

第4章

基于形态的变长翼形函数阈值P波检测算法研究

4.1 P波特征分析

正常心律的激动源自窦房结，在各个波段中，P波最先出现，之后才是QRS波群、T波和U波。P波反应的是左右心房除极的电位变化。心房信号的信息主要体现在P波、PR段以及PR间期。一般来说，P波的前部代表右心房的激动，中间部分代表左、右心房共同的激动，后部代表左心房的激动。

4.1.1 正常P波的特点

正常P波的特点如表4-1所示。

表4-1 12导联的正常P波特点

名称	时间(s)	电压(mV)		形态	
		标准导联、肢体导联	胸前导联	标准导联、肢体导联	胸前导联
P波	P<0.11	<0.25	<0.15	Ⅰ、Ⅱ、aVF导联直立，aVR导联倒置。窦性P波电轴右偏时，aVL导联的P波倒置；左偏时，Ⅲ、aVL导联倒置，Ⅱ导联直立	V_3 ~ V_6导联直立。窦性P波电轴右偏时，V_1、V_2导联直立；左偏时，V_1、V_2导联可以正负双向或倒置

4.1.2 与P波有关的特征参数

与P波有关的特征参数主要包括P波幅值、PR间期、P波时限、P波离散度和心房率等。下面对它们一一进行介绍。

P波幅值：凡测量ECG中向上的波的幅度必须自基线的上沿测至波的顶端。凡测量向下的波幅时必须自基线的下沿测至向下波的底端，才能认为是正确的测量。对心电信号做了基线漂移去除等预处理后，取P峰的幅度便是P波幅值。

PR间期（PRInterval）：自P波起点到QRS起点的一段时间，正常值在0.12～0.20 s，代表窦性激动自心房除极开始到心室除极开始的时间。在12导联中，测量PR间期时，应当以有最大、最宽的P波及最宽的QRS波群所在的导联的测量值为准。PR间期可以用公式4-1计算得到：

$$PRInterval=(Qonset-Ponset)/fs \tag{4-1}$$

其中，Qonset为QRS波的起点，Ponset为P波的起点，*fs*为采样率。

P波时限，记为PWaveDuration。等电位线与P波开始端的交界点为P波的起点，等电位线与P波终止端的交界点为P波的终点。在心电信号分析中，可以用公式4-2计算得到P波时限：

$$PWaveDuration=(Poffset-Ponset)/fs \tag{4-2}$$

其中，Ponset为P波起点，Poffset为P波的终点。

P波离散度（用PWaveDispersion表示），是指同步记录的12联ECG中，不同导联中测定的P波最长时限与P波最短时限两者间的差值。多数P波离散度小于40 ms，当P波离散度大于40 ms时，提示心房内的不同部位存在非均质性电活动。P波离散度计算见公式4-3：

$$PWaveDispersion=Pmax-Pmin \tag{4-3}$$

其中，Pmax表示P波最大时限，Pmin为P波最短时限。

心房率和心室率的计算见公式4-4：

$$HeartRate=\frac{60\ (s)}{\overline{PP}\ \text{or}\ \overline{RR}\ (s)} \tag{4-4}$$

其中，HeartRate代表心房率或心室率，$\overline{PP}$代表平均PP间期，$\overline{RR}$代表平均RR间期。测量心房率时，分母为$\overline{PP}$；测量心室率时，分母为$\overline{RR}$。s表示时间单位秒。

4.1.3　P波的常见形态

P波形态大致有以下几种：（1）正上（也称为正向）；（2）向下（也称为倒置）；（3）低平；（4）双向；（5）双峰或切迹；（6）尖锐或高耸。如图4-1所示。

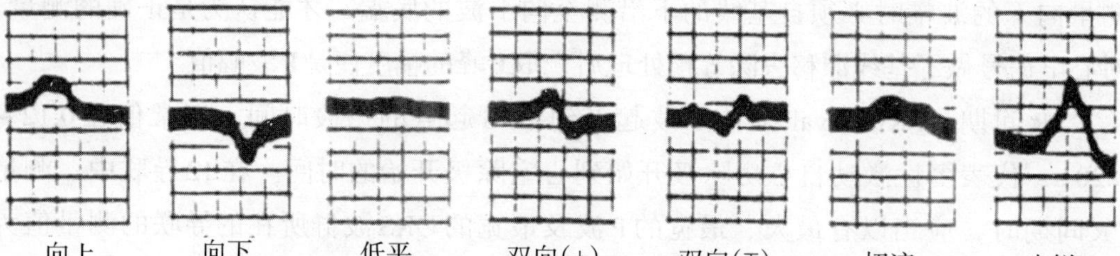

图4-1　P波的常见形态

4.2　P波检测的临床意义

在心电信号中，P波具有较低幅度、较低频率、低信噪比以及斜率不是很明显等特点，容易淹没在噪声中。正是因为P波具有上述特点，所以P波检测一直是计算机自动诊断领域的一大难点。与QRS波群的检测技术相比，P波的检测识别技术还不是很成熟。临床医生主要根据ECG的以下参数判断心脏状态是否正常：心率、心律、P波、PR间期、QRS波群、ST段、T波、U波和QT间期等。显然，P波相关特征参数是临床医生首先分析和测量的。因此，P波的检测对于基于心电的临床诊断有着重要的意义，归纳如下。

（1）P波是测量心房率的唯一指标因素。

（2）正常P波提示窦性心律。

（3）没有P波提示交界性逸搏、房扑、房颤等。

（4）P波高尖提示右房肥大等。

（5）P波时间延长提示风心病、扩张型心肌病等。

（6）P波变窄，提示高钾血症、甲状腺功能减退等。

（7）即使心率减慢时，PR间期值也不应该超过0.21～0.22 s，否则提示房室传导延长。

（8）PR间期是区分室性期前收缩和交界性期前收缩的重要指标。

4.3　典型P波检测方法分析

P波检测及与P波有关的生理参数的计算，在心律失常的计算机自动分析中有着重要意义，而这些都依赖于P波的正确识别和P波的关键点定位（波峰点、起点、止点）。目前，P波检测方法主要有差分阈值法、小波变换法、神经网络法、函数逼近法、滤波器法、支持向量机以及模糊理论等。

下面对几种固定窗P波检测方法和一种基于对消的P波检测算法进行阐述。固定窗P波检测法的原理是在R波检测后，在QRS波起点之前的一定窗范围内搜索P波。该窗的范围区间因算法不同而选取不同，但都是让该窗范围尽可能地避免T波的干扰，而又把P波囊括进去。后者是先检测QRS复合波和T波，然后置QRS-T段数据为0，即对消，以便突出P波特征，最后选取合适的区间来检测P波，并定位P波的特征点。这些方法均采用了MIT-BIH心律失常数据库数据和MIT-BIH正常窦性心律数据库数据来验证其有效性。

4.3.1　幅值法

根据常规ECG特征，P波是Q波起点之前一定范围内的基线水平上的凸起或凹下的曲线。寻找到离基线最远的那个点即为P峰。幅值法框图如图4-2所示。

图4-2　幅值法框图

首先对心电信号做预处理，包括去除基线漂移，滤除工频干扰等常见干扰；然后采用优化的滑动窗差分阈值法检测QRS波；截取P波段的起止点为[R(i)−0.25×*fs*，R(i)−0.07×*fs*]；按公式（4-5）计算该P波数据段的均值，并作为基线。

$$\text{Standard Line}=\frac{\sum_{n=1}^{N}S(n)}{N}, n=1,\cdots,N \tag{4-5}$$

其中，Standard Line表示基线，$S(n)$表示在该数据段内第n点的信号幅值，N为数据段的长度；最后，把离基线最远的点作为P峰。

幅值法的优点是简单，易于实现，是P波识别中最原始、最直观的识别方法。在纯净或低噪声心电环境下，该方法能够准确定位出正向和负向的P波。虽然目前已经有众多的P波识别算法，但幅值法无疑是其中较快速和方便的，不能被忽视。它的缺点是在较高噪声环境下的识别率低，无法识别正负双向等其他类型的P波，没有P波时限的测量。当R峰出现双峰或切迹时，幅值法最易误检P波。

运用一阶差分和二阶差分结合法对P波时限进行测量，该算法简单且快速，原理简单，计算量少，易于实现，便于实时性检测。一阶、二阶差分运算以及一、二阶差分的平方和公式如式（4-6）、式（4-7）和式（4-8）所示。

$$f'(n)=\frac{[f(n+1)-f(n-1)]}{2} \tag{4-6}$$

$$f''(n)=\frac{[2f(n+1)+f(n+2)-f(n-2)-2f(n-1)]}{8} \tag{4-7}$$

$$F(n)=[f'(n)]^2+[f''(n)]^2 \tag{4-8}$$

其中，$f(n)$ 是ECG序列信号在第n个时间点上的幅度值。该方法将序列$F(n)$上幅度最大值的1/10作为阈值，则P波的起点是序列$F(n)$上第一个比阈值大的点，P波的终点是序列$F(n)$上最后一个比阈值大的点。

该P波时限测量算法在一般环境下对P波起点和终点的定位效果还算理想，但是在带噪声或波形变异环境下，采用固定阈值的一阶和二阶差分结合法定位P波的起止点效果就不太理想。

4.3.2 翼形函数法

I. Daskalov提出了翼形函数法对待检测心电信号T波区域做变换，以突出T波特征点的形状。也有学者将此方法与三阶样条小波变换结合，对12导联ECG信号的P波进行检测。

前者和后者对翼形函数的描述稍有不同，这里采用I. Daskalov的定义，如式(4-9)~式(4-11)所示。

$$W_1(i) = S_{i-\mathrm{Len}} - S_i \tag{4-9}$$

$$W_2(i) = S_i - S_{i+\mathrm{Len}} \tag{4-10}$$

$$\mathrm{wing}(i) = W_1(i) * W_2(i) \tag{4-11}$$

其中，第i点的翼形函数值wing(i)是该点前向Len个点的幅度与该点幅度的差值和该点幅度与后向Len个点幅度的差值的乘积。对于采样率为400 Hz的ECG数据，其Len的取值为16。

某一P波段的翼形函数变换效果如图4-3所示。

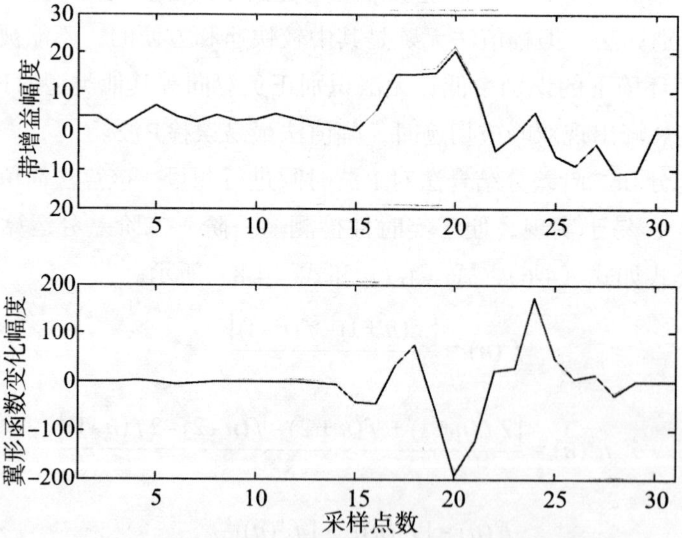

图4-3　某一P波段的翼形函数变换结果展示
该P波段来自于MIT-BIH窦性心律数据库编号为16265号的ECG

从图4-3可以看出，P波段经翼形函数变换后，两边高，中间低，像羽翼一般，这正是翼形（wing）两个字的由来。翼形函数值最低的点便是P波的峰值点。

翼形函数法突出了P波波峰，易于检测，在普通环境下，如ECG波形相对正常，或干扰小等，其检测准确性较高，能取得较好效果。然而，本书测试结果表明，翼形函数法对双向P波检测不准，只能定位幅值最大的点。在没有P波或者波形变异情况下，容易造成误检。

4.3.3　Prony算法

李冉等提出了“先分离，再检测”的P波检测方法，把历史悠久、成熟的数学分析方法——Prony算法运用到ECG的P波检测中。其算法框图如图4-4所示。

图4-4　Prony算法框图

每一拍包含完整P、QRS和T波的ECG信号经过离散余弦变换（Discrete cosine transform，DCT）后成为阻尼振荡信号。Prony分析总是把待分析的信号看成是由若干个指数衰减的正弦信号叠加而成，这为分离出P波提供了原理支持。

本书中采用的Prony算法是基于张贤达的《现代信号处理》和郭成等人的《电网谐波与间谐波检测的分段Prong算法》实现的。Prony方法采用的数学模型为一系列P个具有任意幅值、相位、频率与衰减因子的指数函数，如公式（4-12）所示。

$$x(n)=\sum_{i=1}^{P}A_i\exp(j\theta_i)(\exp[(a_i+j2\pi f_i)\Delta t])^n, n=0,1,\ldots,N-1 \tag{4-12}$$

其中，$x(n)$为待估计信号，P为模型的阶数，N为采样数据点的个数，i代表第i个心动周期数，A_i为振幅，θ_i为相位，a_i为衰减因子，f_i为振荡频率，Δt为采样间隔。

参数P（模型阶数）的经验值为11，P波的频率f选择区间为$|f|\leqslant[40,50]$，而本书在实际编写中采用了$|f|\leqslant 50$。心拍的划分标准相关文献并没有提出，这里我们按照[R(i)−0.4×RR(i−1)：R(i)+0.6×RR(i−1)]来划分一个心动周期，其中，R(i)表示第i个R峰，RR(i−1)表示该R峰前的RR间期，RR(i+1)表示该R峰后的RR间期。Prony算法分离出的P波如图4-5所示。

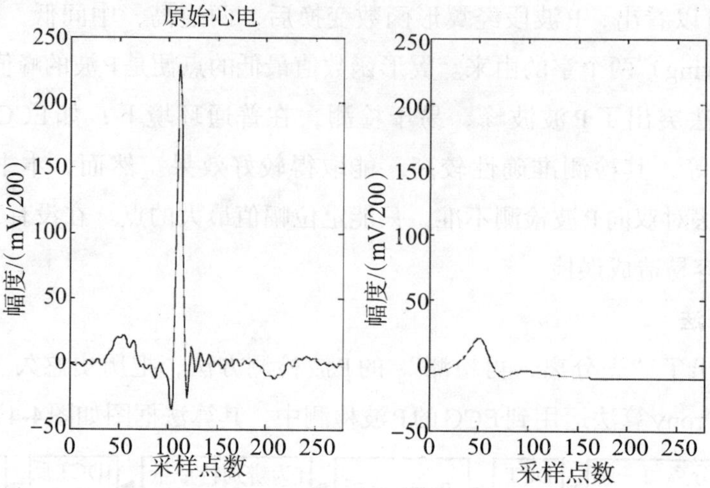

图4-5　左图为原始ECG，右图为Prony算法分离出的P波。

把Prony算法应用在心电图P波检测中是新颖的。该方法对于幅值不大的P波检测，准确率也比较高，而且该方法受基线漂移的影响不大，甚至可以不用刻意对采集到的信号采取去除基线漂移的措施。

但是该方法对分离出来的频率分量*f*的选取是经验性的难以适应不同心律失常疾病类型的P波检测，对于带有噪声的ECG心拍，可能无法精确地分离出P波。因为它涉及多种数学变换，所以其运算时间较长，不适用于实时性检测场合。此外，该方法定位的P波回射到原始ECG信号时，有些位置会出现较小的偏移。

4.3.3　基于特征信号的算法

V. S Chouhan等人提出对ECG信号进行一系列数学运算，提取特征信号，再根据得到的特征信号设定阈值来检测P波，该算法框图如图4-6所示。

图4-6　基于特征信号的算法框图

该算法首先对心电信号进行滤波，去除基线漂移，提取的QRS波特征信号F_Q如图4-7所示，QRS波群的检测效果如图4-8所示。

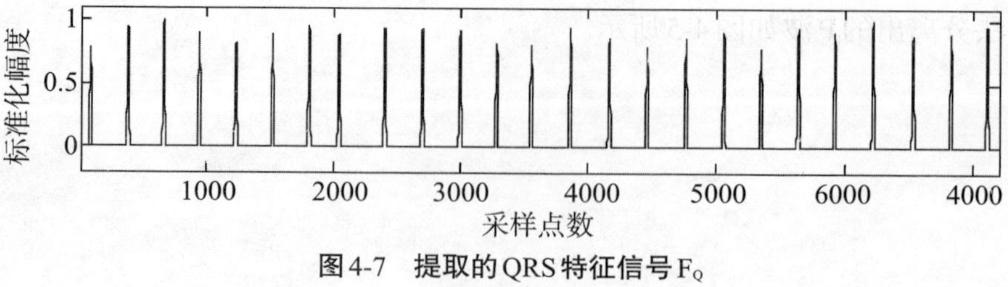

图4-7　提取的QRS特征信号F_Q

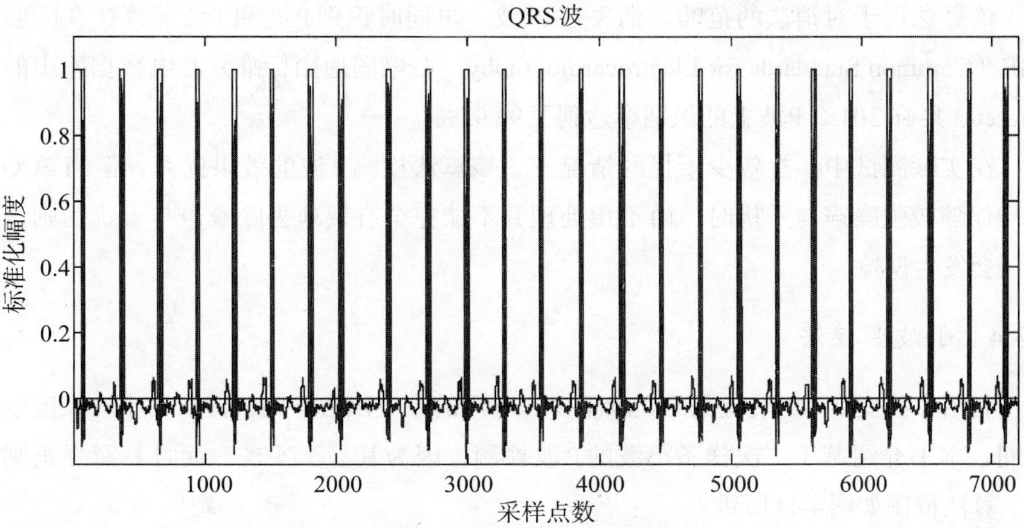

图4-8 检测QRS波的效果图

采用V. S. Chouhan等人提出的方法提取的P波和T波特征信号F_{NQ}如图4-9所示，从特征信号F_{NQ}中检测的P波如图4-10所示。

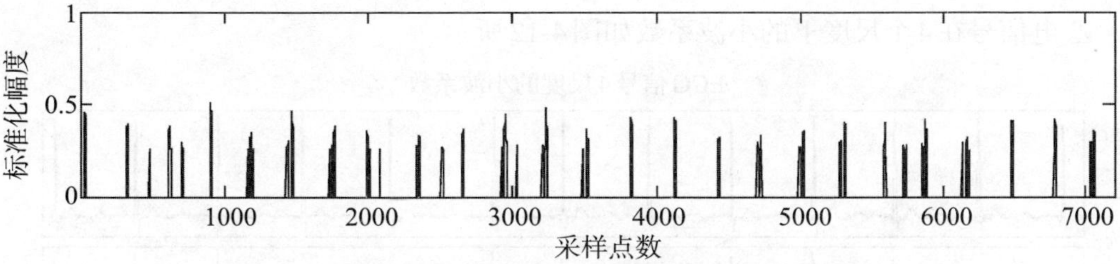

图4-9 从P波和T波中提取的特征信号F_{NQ}

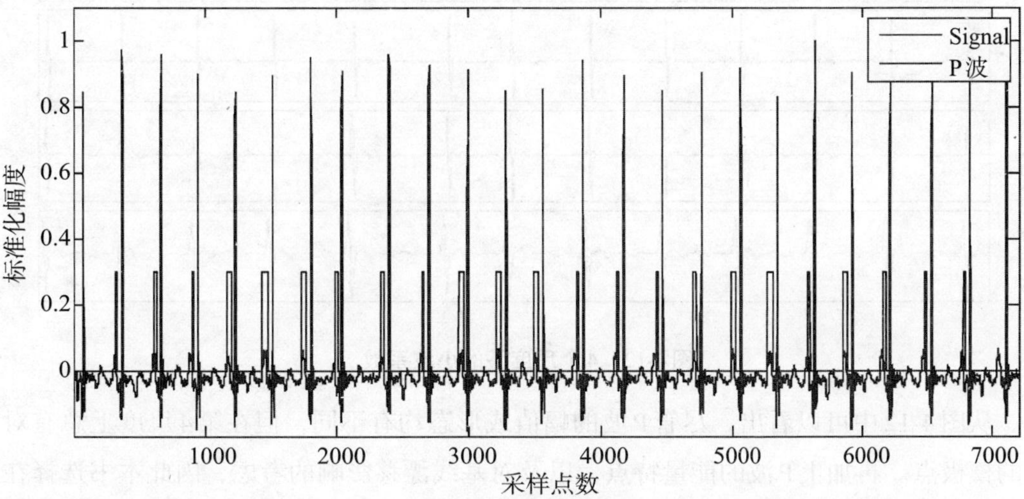

图4-10 检测的P波

该算法属于对消法的范畴，消去QRS波，再同时识别P波和T波。算法在欧盟CSE（Common Standards for Electrocardiography，心电图通用标准）心电数据库中的dataset-3共16 301个P波上的识别率达到了96.95%。

在实际测试中，在较少干扰的情况下，该算法检测P波的效果优秀，但当ECG信号伴随较强噪声与干扰时，由于预处理并不能完全有效地去除噪声与干扰，则该算法会发生误检。

4.3.4　小波变换法

利用小波变换对P波检测的文献不少，利用的小波函数不同，提取的小波尺度也不同。本书介绍基于二次样条小波的P波检测，因为其易于实现，而且具有强正则性。算法框图如图4-11所示。

图4-11　小波变换算法框图

心电信号在4个尺度下的小波系数如图4-12所示。

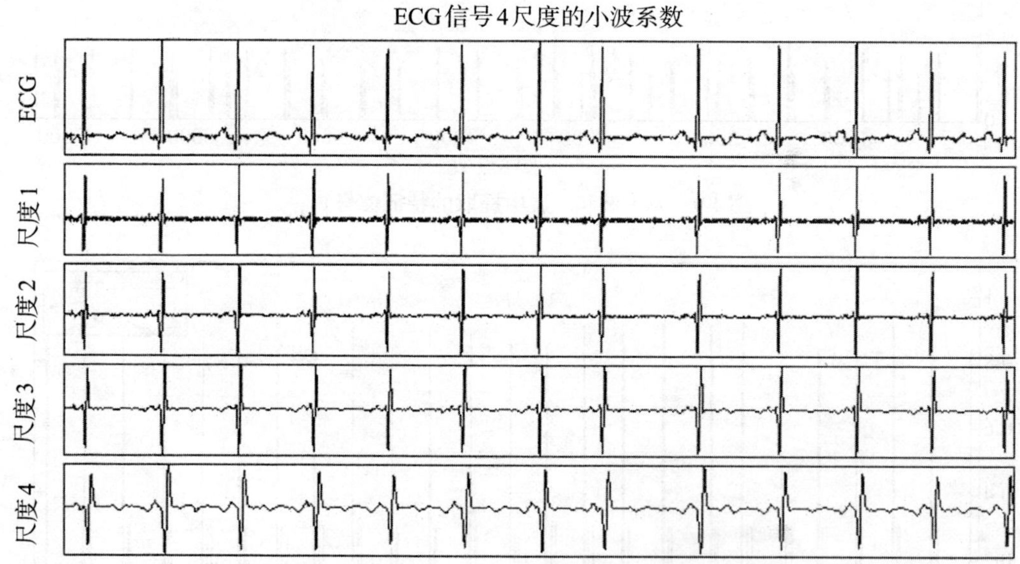

图4-12　4个尺度下的小波系数

从图4-12中可以看出，尽管P波的幅值或形态均有不同，但在第4尺度上总有对应的模极点。再加上P波的能量特点，以及对基线漂移影响的考虑，因此本书选择在第4尺度上进行P波检测。然后求出第4尺度下的模极值点，如图4-13所示。

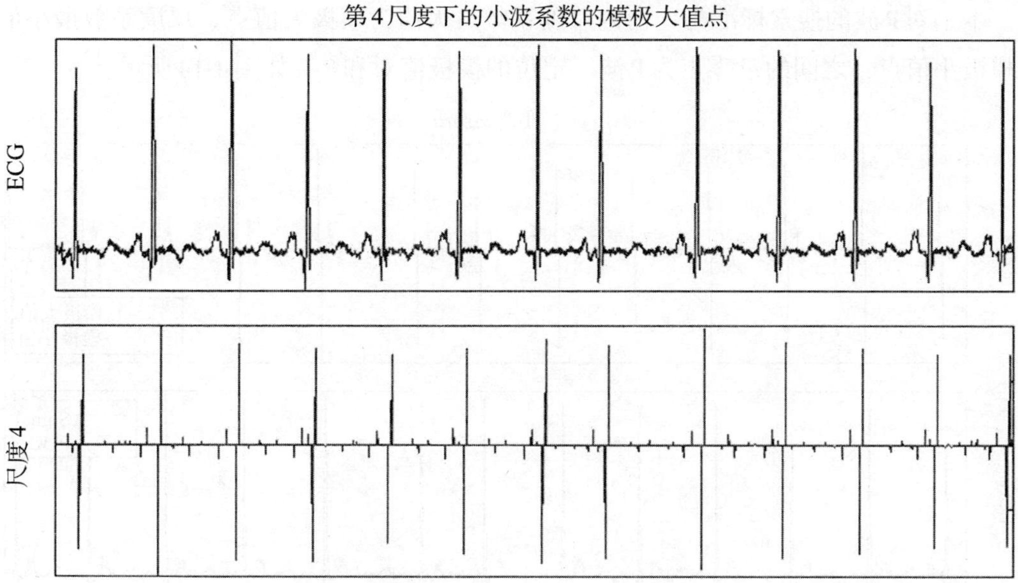

图4-13　第4尺度下的模极值点

在检出QRS波后，确定P波搜索段，在该段模极值对之间的过零点即是P波，不同的学者也运用了不同的方法来确定模极值对。万相奎等人的检测策略如下。

（1）确定正负极大值的幅值阈值，公式如下。

$$S_p=\frac{2}{5}\times(\frac{1}{10}\sum_{i=1}^{10}p_i) \tag{4-13}$$

$$S_n=\frac{1}{3}\times(\frac{1}{10}\sum_{i=1}^{10}n_i) \tag{4-14}$$

p_i和n_i分别是在该P波搜索段幅值排前10位的正极大值和负极大值。

（2）筛选模极值对。

$$p_A>S_p\text{且}p_B<S_n\text{且}T_{A-B}<100ms\Rightarrow\text{局部模极大值对}$$

p_A表示A点的幅值，p_B表示B点的幅值，T_{A-B}表示A点和B点的时间间隔。

（3）检测模极值对斜率。

$$\text{Slope}_{AB}=\left|\frac{p_A-p_B}{P_A-P_B}\right| \tag{4-15}$$

p_A表示A点的位置，p_B表示B点的位置，斜率小于0.6则剔除。

（4）计算零交叉点。

这里，因为MIT心律失常数据库的采样率为360 Hz，所以取窗长为100个采样点。本书对P波的搜索标准为：窗内尺度系数最大值为模极大值点，尺度系数最小值为模极小值点，之间的过零点为P波。定位的模极值对和P波如图4-14所示。

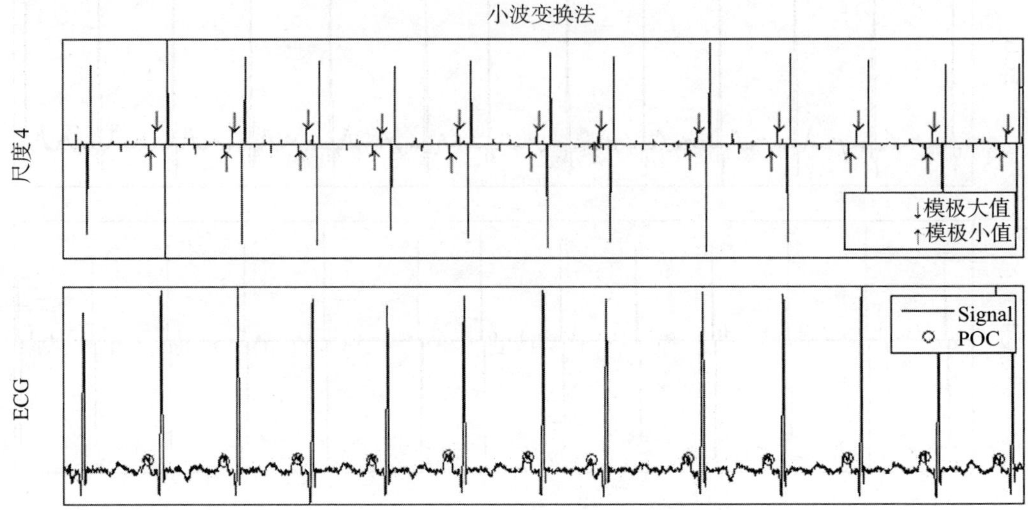

图4-14　小波变换法定位的模极值对和P波

小波变换是一种信号的时间-频率分析方法，具有多分辨率分析信号的特点，而且在时域和频域上都具有表征信号局部特征的能力。将不同频率的信号分解到不同的尺度上，这样就能避开不同频率的干扰信号。利用小波变化对心电图的特征点检测已经取得了很好的效果。

小波变换对于正常ECG和一些异常ECG信号进行P波检测能取得很好的效果。但是在某些情况下，例如，对于存在大量房扑、房颤、室颤等的ECG信号，其检测效果不理想。

4.4　P波检测新算法研究

4.4.1　算法理论

4.4.1.1　P波形态分类

P波的定位是指P波的峰值点、P波起点和P波终点的定位。P波各项参数的计算主要是依靠对P波的起点定位，这里采用基于差分的方法定位P波起点。影响P波定位的因素主要有两点：一是有无P波，二是P波是单向或双向。因此，为了实现准确的P波定位，将不同形态的P波归为三类：单向P波、双向P波和无P波，如图4-15所示。

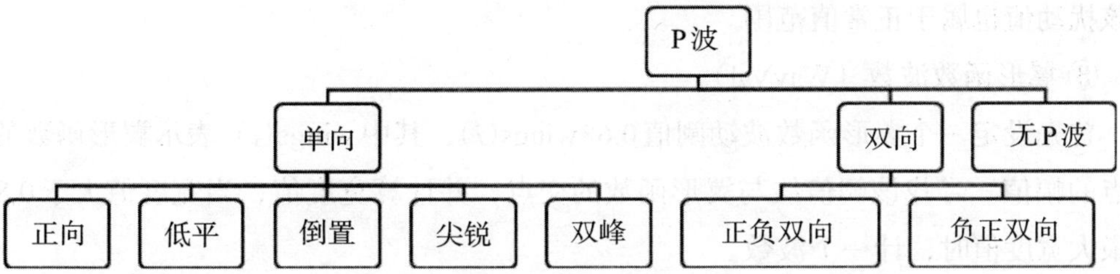

图4-15 P波形态分类

4.4.1.2 变动窗设置

大多数研究对于P波检测的搜索区间是固定的，这种做法有局限性，也不合理。因为当RR间期过短时或者许发生期前收缩等情况，可能出现P-on-T现象，固定长度的窗可能会涵盖上一个心拍的部分QRS波，导致P波出现误检；当RR间期过长时，P波可能会相对靠前，它可能不在或只有部分在固定的搜索区间内，导致P波出现漏检，所以P波检测的搜索区间应该根据具体情况进行调整。考虑到P波时限正常值不超过0.11 s，PR间期正常值在0.12 ~ 0.20 s，QRS时限正常值在0.06 ~ 0.12 s，本书提出对P波检测区间W的设置如下：

$$W=\begin{cases} R(i)-0.6\times \mathrm{RR}(i\text{-}1):R(i)-0.07\times \mathrm{fs} & \mathrm{RR}(i)<0.82\overline{\mathrm{RR}} \\ R(i)-0.32\times \mathrm{fs}:R(i)-0.07\times \mathrm{fs} & 0.82\overline{\mathrm{RR}}\leqslant \mathrm{RR}(i)\leqslant 1.2\overline{\mathrm{RR}} \\ R(i)-0.45\times \mathrm{RR}(i\text{-}1):R(i)-0.07\times \mathrm{fs} & 1.2\overline{\mathrm{RR}}<\mathrm{RR}(i) \end{cases} \tag{4-16}$$

其中，$R(i)$表示第i个R峰的位置，$\mathrm{RR}(i-1)$表示第$i-1$个RR间期，$\overline{\mathrm{RR}}$表示一定时间段的RR间期的平均值，本书设置的ECG数据段长度为1 min。

4.4.1.3 算法相关参数定义

本书提出的P波检测算法涉及以下4个参数，其定义如下。

① 自适应扰动线（SelfAdaptionLine）。

$$\mathrm{SelfAdaptionLine}=\pm\left[0.4\times \mathrm{mean}(P_{\mathrm{segment}})+0.6\times \max(\mathrm{abs}(P_{\mathrm{segment}}))\right] \tag{4-17}$$

其中，P_{segment} 表示P波检测区间W内的数据段的幅值，$\mathrm{mean}(P_{\mathrm{segment}})$ 表示该数据段幅值的均值，$\max(\mathrm{abs}(P_{\mathrm{segment}}))$ 表示该数据段幅值的绝对值的最大值。

② 扰动值（DisVal）。

扰动值定义为W内数据段与自适应扰动线的交点个数。

扰动值排除规则：当两个交点横坐标之差小于一定阈值长度thr1时，两个扰动值只能算作一个，这样可以避免一些折线干扰。由于心电信号易受干扰导致波形出现微小变异，因此需要引入容错度thr2的概念，即当扰动值小于正常值与thr2的和时，则该扰动值也属于正常值范围。

③ 翼形函数波数（WavVal）。

首先设定一个翼形函数波动阈值$0.6\times wings(i)$，其中$wings(i)$表示翼形函数的最低点的幅值。寻找该阈值线与翼形函数的交点，并计算宽度值，当宽度值大于0.8倍的最大宽度值时，计一个波数。

④ 翼形函数阈值：

设定一个翼形函数阈值thr3，超过该阈值时W内数据段中有P波，否则，判定为没有P波。

4.4.1.4 翼形函数变换长度

I. Daskalov等人对翼形函数变换长度Len取值为16，本书方法中用变动窗W截取的数据段是不等长的，为了达到最好的翼形函数变化效果，本书对采样率为360 Hz的MIT-BIH心律失常数据库中的数据，对翼形函数变换长度按式（4-18）取值。

$$\text{Len}=\begin{cases}8 & \text{SL}\leqslant 50\\ 18 & 50<\text{SL}\leqslant 150\\ 25 & 150<\text{SL}\end{cases} \tag{4-18}$$

其中，SL表示W内数据段的长度。

4.4.1.5 典型P波翼形函数变换

采用公式（4-9）至（4-11）变换得到的不同形态P波和不同干扰下的翼形函数如图4-16所示。

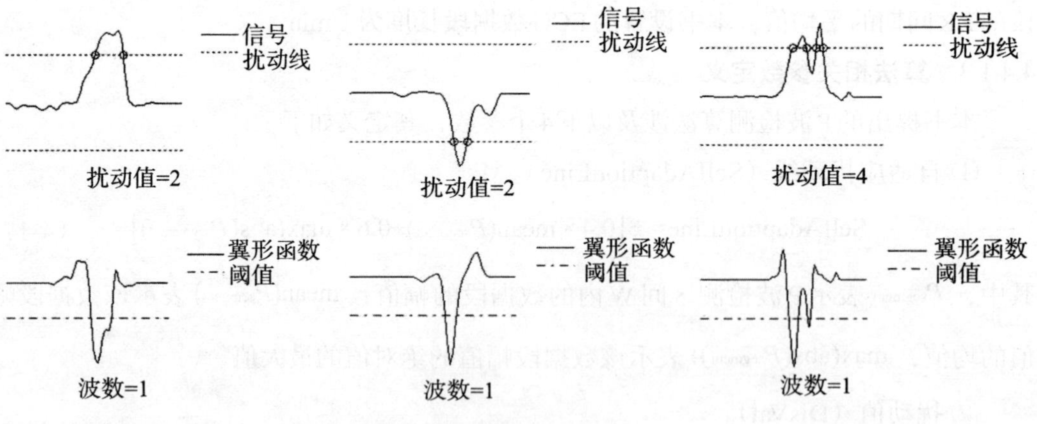

（a）正向　（b）倒置　（c）双峰

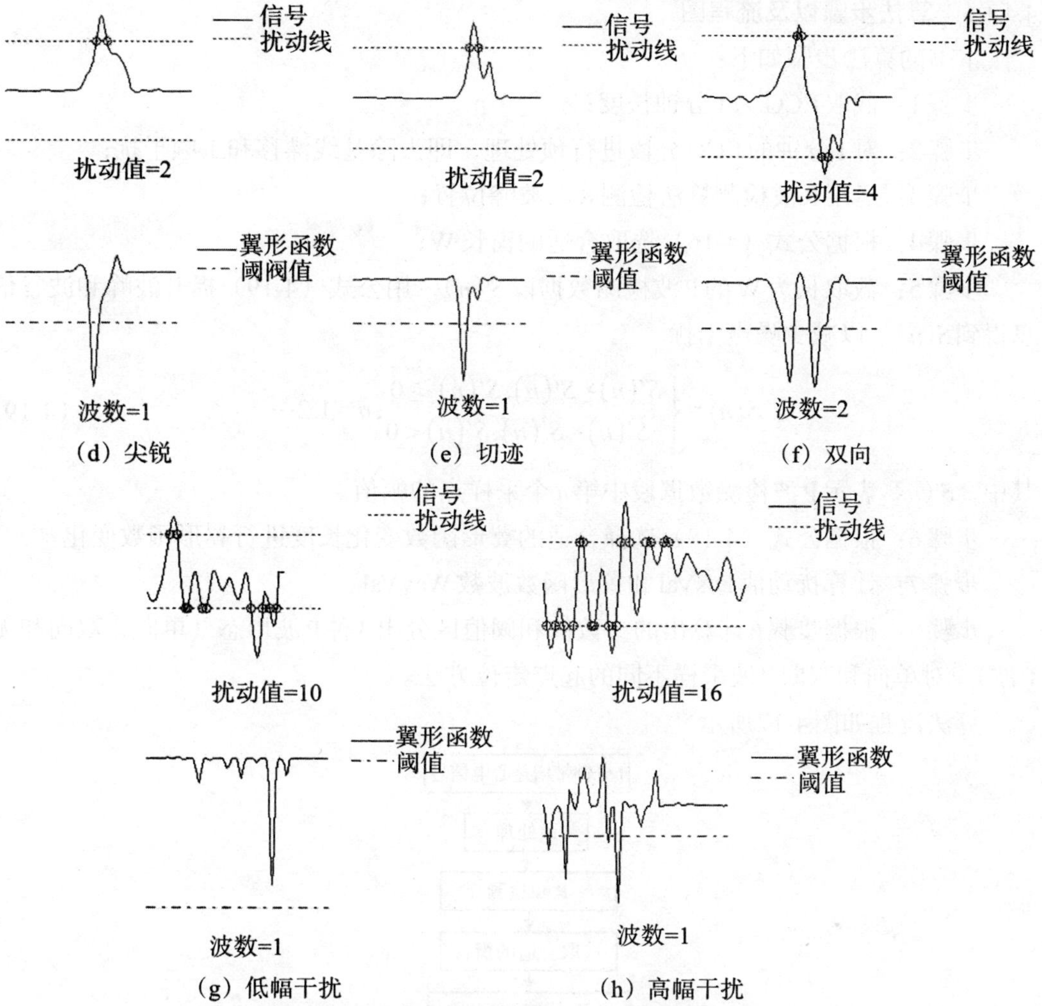

图4-16　不同形态和不同干扰下P波的翼形函数

根据图4-16可以统计出相关参数，如表4-2所示。

表4-2　不同形态和干扰下P波翼形函数的参数统计

参数＼形态	单向		双向	低幅度干扰	高幅度干扰
	其他	双峰			
扰动值	2	4	4	>4	>4
波数	1	1	2	1	1
超过阈值线	是	是	是	否	是

从表4-2中可以看出，对于典型且纯净的ECG而言，有P波的判断标准是同时满足扰动值小于或等于4，以及翼形函数最低点值要超过设定的阈值线；双向P波的判断标准是扰动值等于4，翼形函数波数等于2，以及翼形函数最低点值要超过阈值线。

4.4.1.6 算法步骤以及流程图

本书的算法步骤如下：

步骤1：截取ECG为1分钟长度；

步骤2：对1分钟的ECG分段进行预处理，即去除基线漂移和工频干扰；

步骤3：运用R波检测算法检测R波波峰位置；

步骤4：根据公式（4-16）选取合适的窗长W；

步骤5：截取长为W的P波检测数据段$S'(n)$，用公式（4-19）提升波峰和波谷信息得到$S(n)$，以减少噪声干扰。

$$S(n)=\begin{cases}S'(n)\times S'(n),S'(n)\geqslant 0\\-S'(n)\times S'(n),S'(n)<0\end{cases},n=1,2\cdots \tag{4-19}$$

其中，$S'(n)$表示P波检测数据段中第n个采样点的幅值。

步骤6：根据公式（4-18）选择合适的翼形函数变化长度进行翼形函数变化。

步骤7：计算扰动值DisVal和翼形函数波数WavVal。

步骤8：根据步骤6计算出的参数值和阈值区分出3种P波形态（单向、双向和无P波），对单向和双向P波采样不同的起点定位方法。

算法流程如图4-17所示。

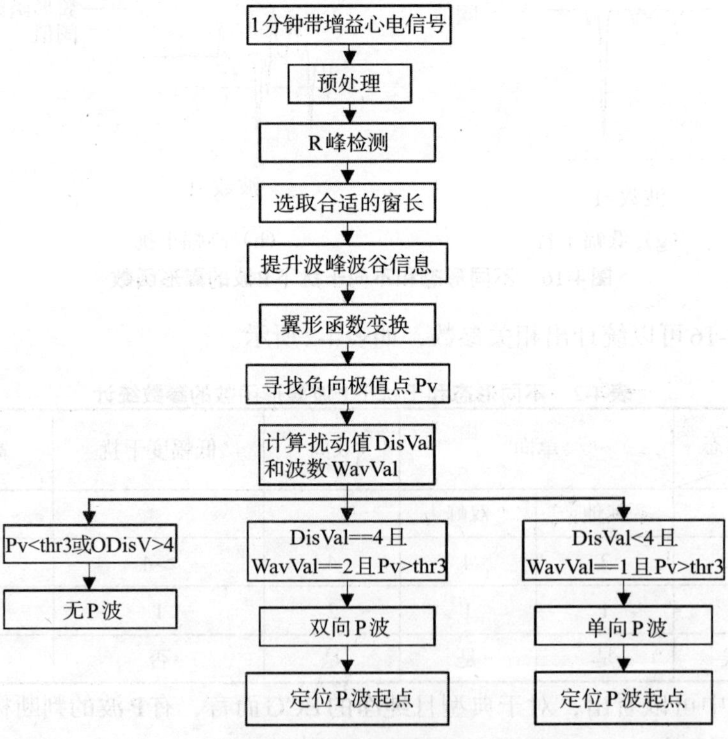

图4-17 算法流程图

本书算法识别P波波峰，P波起点定位已经比较成熟，请参考相关资料。

4.4.2　新算法的实验验证

4.4.2.1　实验数据

MIT-BIH心律失常数据库内的数据采样率为360 Hz，共48组ECG数据，每组数据30 min左右，来自50个研究对象，包括25个男性和22名女性。其中，记录201和202来自同一个男性研究对象。本书选取每组前5 min数据来验证新算法。剔除了那些波形严重变异、大部分P波位置无法识别和发生房颤等情况的信号，如下：

102号和104号病患因受到干扰，他们的ECG信号中只有少量P波能够被识别，大量P波被淹没在噪声中；106号存在部分室性二联律、室性心动过速；200号病患有大量室性期前收缩；201号、203号、210号、217号、219号和221号病患前5 min发生了房颤，因为当病患发生房颤时，P波消失，出现f波，所以需要剔除这类ECG信号；207号病患的ECG中存在大量室扑和室速；208号病患的ECG中有大量室性期前收缩、室性融合心拍；215号病患的ECG中存在室性心动过速；228号病患的ECG中存在室性期前收缩、束支传导阻滞并受到噪声干扰。束支传导阻滞主要依靠QRS时限和QRS波形态的改变来鉴定；232号病患的ECG受到噪声干扰，一些P波难以识别；233号病患有大量室性期前收缩，存在室速和束支传导阻滞。

排除上述异常信号后，48组数据余下32组，来自32个不同的个体，截取这些数据的前5 min，共计包含11507个P波。

4.4.2.2　实验参数与性能评估指标

在采样率为360 Hz的条件下，1 s有320个采样点，这里thr1选取为2。考虑到心电波形的变异性，thr2选取为3。针对心律失常数据库未去除增益的信号，thr3经验性的选取为-10^4，所选实验参数总结在表4-3中。

表4-3　P波检测算法参数设定

thr1	thr2	thr3
2	3	-10^4

本书采用公认的统计检验指标对P波识别算法的性能进行评估，定义如下：

$$\text{误检率(FDR)} = (FP+FN)/(TP+FP+TN+FN)$$

$$\text{灵敏度(Se)} = TP/(TP+FN)$$

$$\text{阳性预测率}(+P) = TP/(TP+FP)$$

其中，TP为真阳性，是指正确定位的P波波峰数；FP为假阳性，是指错误定位的P波波峰数；FN为假阴性，是指漏检的P波波峰数。

这里需要特别说明的是，幅值法和翼形函数法缺少对无P波的检测能力，也就是说，当ECG中没有出现P波时，这两种算法会认为存在P波而导致误检。为了统一性能指标和减少统计误差，当ECG中没有出现P波时，若我们的算法能够正确判断没有P波，则归为正确检测，即是TP，而不是TN（TN为真阴性，表示没有P波时，正确判断为没有P波的数量）。

4.4.2.3　实验结果与分析

本书方法、幅值法和翼形函数法检测P波的实验结果如图4-18～4-21以及表4-4～4-6所示。

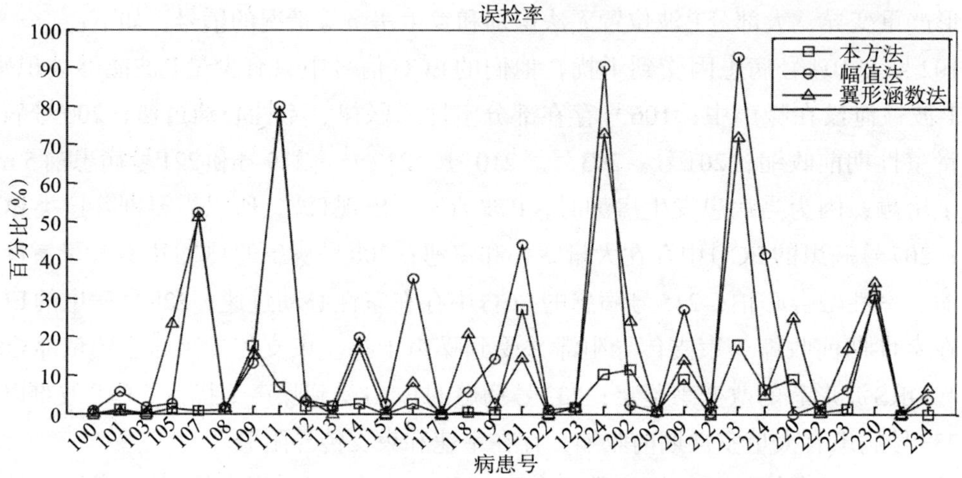

图4-18　本书方法、幅值法和翼形函数法误检率的比较

表4-4　本书方法、幅值法和翼形函数法对32个病患误检率的平均性能表现

	本方法	幅值法	翼形函数法
误检率的平均值(mean)	5.16	18.27	15.99
误检率的标准偏差(std)	8.00	27.05	22.52

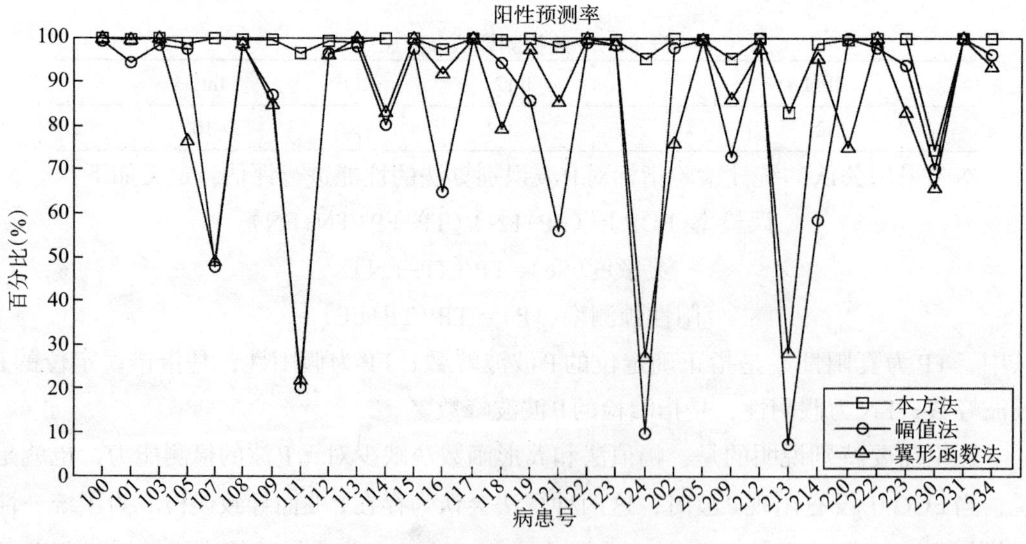

图4-19　3种方法阳性预测率的比较

表4-5 3种方法对32个病患敏感度的平均性能表现

	本书方法	幅值法	翼形函数法
敏感度的平均值(mean)	96.89	100	100
敏感度的标准偏差(std)	5.70	0	0

表4-6 3种方法对32个病患阳性预测率的平均性能表现

	本方法	幅值法	翼形函数法
阳性预测率的平均值(mean)	97.75	81.73	84.01
阳性预测率的标准偏差(std)	5.52	27.05	22.52

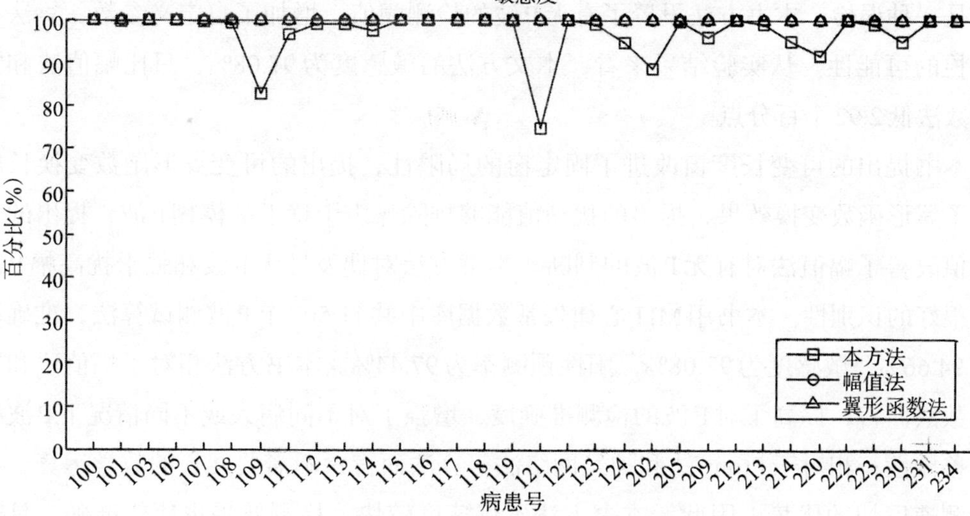

图4-20 3种方法敏感度的比较

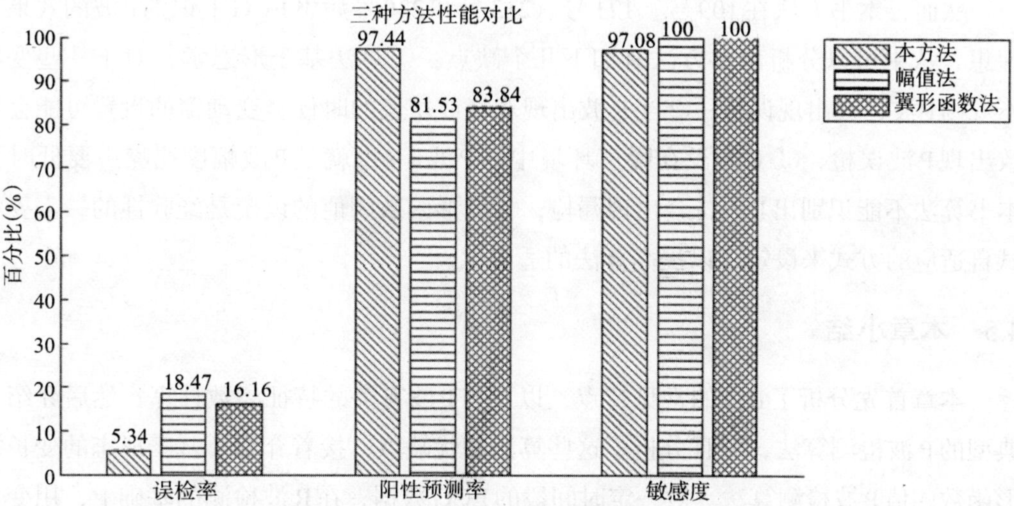

图4-21 3种方法的性能对比

分析实验结果可知，当用32个病患前5 min共计11 507个P波测试本书方法、幅值法和翼形函数法时，本书方法的误检率为5.34%、敏感度为97.08%，阳性预测率为97.44%，而幅值法和翼形函数法的对应指标分别为18.27%和15.99%、100%和100%以及81.73%和84.01%。本书方法在误检率和阳性预测率两个重要指标上都优于幅值法和翼形函数法，只有敏感度略低于两个对比方法。相比于两个方法，本书方法误检率最多降低了13.13个百分点，阳性预测率最多提高了15.91个百分点。因为幅值法和翼形函数法缺少对无P波的正确检测能力，即在这种情况下也认为QRS波前存在P波，所以没有漏检的情况发生，它们的灵敏度均为100%，这显然是不合理的，实质是一种误检。本书方法设置了有无P波的检测阈值，增加了自定义参数，算法存在漏检的可能性。从实验结果来看，本文方法的敏感度为97.08%，只比幅值法和翼形函数法低2.92个百分点。

本书提出的可变长度窗改进了固定窗的局限性，提出的可变翼形函数变换长度提升了翼形函数变换效果，提出的扰动值能够排除噪声干扰下的模糊P波，提出的经验阈值改善了幅值法对有无P波的判断。本书方法对偶发性无P波和强干扰高幅P波也有很好的识别性。本书用MIT心律失常数据库中共11 507个P波测试算法，准确率可达94.66%，敏感度为97.08%，阳性预测率为97.44%。本书方法相对于幅值法和翼形函数法而言，提高了对P波的检测准确度，增强了对不同病人或不同情况下P波检测的鲁棒性；相对于Prony法和神经网络法等算法而言，不需要冗长的数学运算，具有检测速度快的优势。因此，本书方法不仅速度较快，检测效果也比较准确，具有较好的实际应用潜力。

然而，本书方法在109号、121号、213号和230号病患ECG上识别P波的效果不理想，从中可以分析出本方法有如下几个缺点：①算法基于形态学，对于一些变异不规则P波，会出现误检；②当R波出现双峰或切迹的时候，变动窗的设置可能会导致出现P波误检；③对淹没在噪声环境中的P波，（也就是P波幅度比噪声要低时），本书算法不能识别出P波，会出现漏检；④翼形函数阈值的设定是经验性的，需要尝试自适应的方式来设定，以提高算法的适应性。

4.5　本章小结

本章首先分析了P波的常见特点，以及与P波有关的特征参数计算；然后介绍了典型的P波检测算法，并且分析了这些算法的优缺点；接着介绍了基于形态的变长翼形函数阈值P波检测算法。对一定时间段的ECG数据，在R波检测的基础上，用变长翼形函数法，突出P波的幅值特征，寻找翼形函数最低点值来检测P波。采用阈值、扰动值和翼形函数波数来判别有无P波和P波的形态，区分单向P波和双向P波。最后，算法用MIT-BIH心律失常数据库中的32组前5 min的心电数据进行验证，结果表明，对于P波形态比较规则的心电信号，算法检测精度能够达到98%左右。然而，本书算法从波形变异较为严重的ECG信号中识别P波的能力，还有进一步优化与提高的空间。

第5章

ECG中T波定位方法研究

5.1 引言

T波是心室复极顺序发生细微变化的敏感指标。T波异常与轻重不一的心脏疾病以及心外疾病相关。因此，T波的正确定位对于临床诊断十分重要。通常，T波定位包括T波起始点、峰值和末端定位。在ECG中，T波信号微弱，易受噪声干扰，而且形态多变，所以T波定位一直是心电信号处理方向的重点和难点研究问题。

T波形态对T峰定位存在较大影响，大多数现有相关方法只能适应少数T波形态的T峰正确定位。因此，本书基于小波变换技术，发展了一种多形态T峰定位方法。T波末端与一些重要诊断参数相关。例如，QT间期是指从QRS波的起点到T波末端的时程。QT间期的延长可能是由于心衰、风湿热、电解质紊乱、心肌炎等引起。QT间期的缩短，可能是由于高血钙症、心室颤动、应用洋地黄制剂后等引起。显然，不正确的T波末端定位可能引起误诊。噪声和房颤波的出现等因素可能导致真正的T波末端位置偏移。为此，本书探讨了一种在房颤波干扰下的T波末端定位策略。

5.2 多形态T波波峰定位方法

基于小波变换和支持矢量机（Support Vector Machine， SVM）模式识别理论，本书设计了一种准确性较高的心电信号多形态T峰检测方法。为便于理解本书方法，首先简介小波变换基本理论。

5.2.1 小波变换基本理论

小波变换在时间和频率两个域都具有表征信号局部特征的能力，在低频部分具有较低的时间分辨率和较高的频率分辨率，在高频部分具有较高的时间分辨率和较低的频率分辨率，很适合于探测正常信号夹带的瞬间反常现象并展示其成分。

小波变换对信号的频率分解如图5-1所示。该图表示将原始信号$f(t)$按尺度为5做分解。每一尺度将信号分解为高频信号CDX和低频信号CAX（X=1，2，3，4，5），需要哪一个频带的信号就提取出相应的信号进行重构。

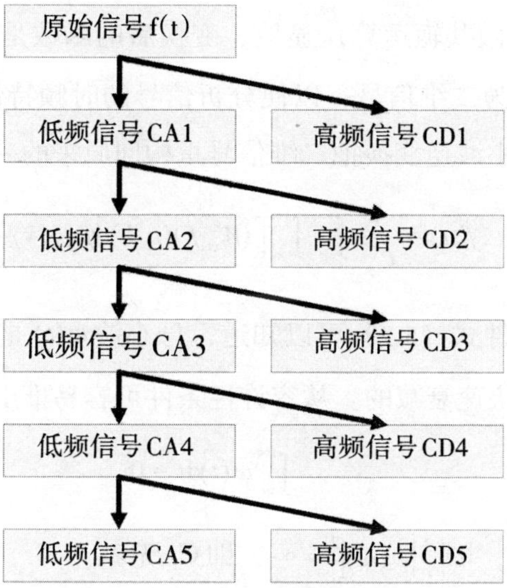

图5-1　5级小波分解示意图

5.2.1.1 连续小波变换

在小波分析中，主要讨论的函数空间为$L^2(R)$。$L^2(R)$是R上平方可积函数构成的函数空间，即

$$f(t) \in L^2(R) \Leftrightarrow \int_R |f(t)|^2 \mathrm{d}t < +\infty \tag{5-1}$$

如果$f(t) \in L^2(R)$，那么称$f(t)$为能量有限的信号。$L^2(R)$则称为能量有限的信号空间。

如果$\psi(t) \in L^2(R)$，其傅里叶变换为$\psi(\omega)$，满足容许性条件：

$$C_\psi = \int_{-\infty}^{+\infty} |\omega|^{-1} |\psi(\omega)|^2 \mathrm{d}\omega < \infty \tag{5-2}$$

即C_ψ有界，则称ψ为一个基小波或母小波。将母小波经过伸缩和平移后，就可以得到一个小波序列：

$$\psi_{a,b}(t) = |a|^{-1/2} \psi\left(\frac{x-b}{a}\right) \tag{5-3}$$

式（5-3）中，$a,b \in R$，且$a \neq 0$。称a为伸缩因子，b为平移因子。定义式（5-4）为

关于基小波ψ的连续小波变换（Continuous Wavelet Transform，CWT）。

$$(W_\psi f)(a,b) = \langle f, \psi_{a,b} \rangle = |a|^{-1/2} \int_{-\infty}^{+\infty} f(t)\overline{\psi\left(\frac{t-b}{a}\right)}\mathrm{d}t \tag{5-4}$$

其中，符号$\overline{X}$表示对X做共轭运算。显然，变换后的函数是二维的，即小波变换把原来的一维信号变换成为二维信号，以便分析信号的时频特性。式（5-5）为关于基小波ψ的小波逆变换。小波逆变换把二维信号重构回原来的一维信号$f(t)$。

$$f(t) = \frac{1}{C_\psi} \int_{-\infty}^{+\infty} \int_{-\infty}^{+\infty} \left[(W_\psi f)(a,b)\right] \psi_{a,b}(x) \frac{\mathrm{d}a}{a^2} \mathrm{d}b \tag{5-5}$$

从小波的容许性条件式（5-2）可以知道，母小波$\psi(t)$是一个振荡且能量有限的函数，并且在时域上是快速衰减的。从容许性条件可容易推出

$$\int_{-\infty}^{+\infty} \psi(t)\mathrm{d}t = 0 \tag{5-6}$$

$\psi(0) \neq 0$，则当$\omega = 0$时，$|\omega|^{-1}|\psi(\omega)|^2 = \infty$，即$C_\psi$无界。

小波变换的实质在于将$L^2(R)$空间中的任意函数$f(t)$表示成为其在有不同伸缩因子a和平移因子b的$\psi_{a,b}(t)$之上的投影的叠加。与傅里叶变换不同的是，小波变换将一维时域函数映射到二维“时间-频率”域上，因此，$f(t)$在小波基上的展开具有多分辨率的特性。通过调整伸缩因子a和平移因子b，可以得到具有不同时域宽度的小波以匹配原始信号的任意位置，达到对信号的时频局部化分析的目的。

5.2.1.2 离散小波变换

连续小波变换中的伸缩因子和平移因子都是连续变化的实数，在应用中需要计算连续积分，在处理数字信号时很不方便。在实际应用中，遇到的信号大多是数字信号，需要采用离散形式的小波变换，即离散小波变换（Discrete Wavelet Transform，DWT）。DWT可以通过离散化CWT中的伸缩因子a和平移因子b得到。通常取

$$a = a_0^m, b = nb_0a_0^m (a_0 > 1, b_0 > 1, \forall m, n \in \mathrm{Z}) \tag{5-7}$$

将式（5-7）代入式（5-2）可以得到

$$\psi_{m,n}(t) = |a_0|^{-m/2} \psi(a_0^{-m}t - nb_0), m, n \in Z \tag{5-8}$$

这时的小波函数就是离散形式的，相应的离散小波变换为

$$(W_\psi f)(a,b)=\left\langle f,\psi_{a,b}\right\rangle=|a|^{-m/2}\int_{-\infty}^{+\infty}f(t)\overline{\psi(a_0^{-m}t-nb_0)}\mathrm{d}t \tag{5-9}$$

通常取 $a_0=2, b_0=1$，可以得到二进制小波函数：

$$\psi_{m,n}(t)=2^{-m/2}\psi(2^{-m}t-n), m,n\in Z \tag{5-10}$$

在实际应用中，为了使小波变换的计算更加有效，通常构造的小波函数都具有正交性，即

$$\left\langle\psi_{m,n},\psi_{j,k}\right\rangle=\int_{-\infty}^{+\infty}\psi_{m,n}(t)\overline{\psi_{j,k}(t)}\mathrm{d}t=\delta_{m,j}\delta_{n,k} \tag{5-11}$$

从理论上可以证明，将连续小波变换离散成离散小波变换后，信号的基本信息并不会丢失。相反，由于小波基函数的正交性，使得小波空间中两点之间冗余度造成的关联得以消除；同时，因为正交性，使得计算的误差更小，变换后的时频函数更能反映信号本身的性质。

如果空间中的一系列闭子空间及一个函数满足下列条件，则称为一个多分辨分析。

单调性：$V_m \prec V_{m-1}$，任意 $m\in Z$；

逼近性：$\bigcap\limits_{m\in z} V_m=\{0\}$，$\overline{\bigcup\limits_{m\in z} V_m}=L^2(R)$；

伸缩性：若 $f(t)\in V_m$，则 $f(2t)\in V_{m-1}$；

平移不变性：若 $f(t)\in V_m$，则 $f(t-k)\in V_m$；

正交性：存在 $\phi(t)\in V_0$，使得 $\{\phi(t-k)\,|\,k\in Z\}$ 构成 V_0 的标准正交基。

这样可以将式（5-8）表示为小波级数展开式：

$$f(t)=\sum_{m\in z}c_{m,n}\phi_{m,n}(t)+\sum_{m=1}^{M}\sum_{m\in z}d_{m,n}\phi_{m,n}(t) \tag{5-12}$$

$c_{m,n}$ 和 $d_{m,n}$ 为小波系数，M为分解尺度，计算 $f(t)$ 的小波系数的快速算法如公式（5-13）所示；由小波系数重建信号 $f(t)$ 的快速算法（Mallat算法）如公式（5-14）所示。

$$\begin{cases} c_{m,n}=\sum\limits_k \overline{h}_{k-2n}c_{m-1,k} \\ d_{m,n}=\sum\limits_k \overline{g}_{k-2n}c_{m-1,k} \end{cases} \tag{5-13}$$

$$c_{m-1,n}=\sum_k c_{m,n}h_{n-2k}+\sum_k d_{m,n}g_{n-2k} \tag{5-14}$$

5.2.1.3 小波包基本理论

小波包变换是基于小波变换的进一步发展，能提供比小波变换更高的分辨率，它不仅对信号的低频部分进行分解，还要对信号的高频部分进行分解，利用多次迭代的小波转换分析输入信号的细节部分。输入信号S的小波包分解树如图5-2所示。

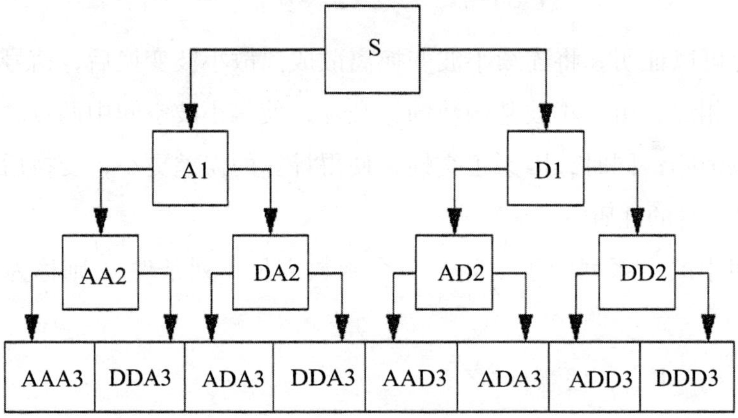

图5-2 小波包分解树形示意图

图5-2中A表示低频，D表示高频，末尾的序号数表示小波分解的层数（即尺度数）。由此可见，分解级数越大，也就是选择的小波包尺度越大，小波包系数对应的空间分辨率就越低，根据这个特点，我们能够在互不相同的空间分辨率上进行分析，达到信号的去噪，压缩等处理工作。分解关系如式（5-15）所示。

$$S=AAA3+DAA3+ADA3+DDA3+AAD3+DAD3+ADD3+DDD3 \tag{5-15}$$

在多分辨率分析中，$L^2(R)=\bigoplus_{j\in Z}W_j$ 表示它是按照不同的尺度因子j把Hilbert空间$L^2(R)$分解为所有子空间$W_j(j\in Z)$的正交和。其中，W_j为小波函数$\psi(t)$的小波子空间。小波包分解能进一步对小波子空间W_j按照二进制分式进行频率的细分，以达到提高频率分辨率的目的。

将小波子空间W_j和尺度空间V_j用一个新的子空间U_j^n统一表示，若令

$$\begin{cases}U_j^0=V_j\\U_j^1=W_j\end{cases},j\in Z \tag{5-16}$$

则Hilbert空间的正交分解$V_{j+1}=V_j \oplus W_j$可用U_j^n的分解统一为

$$U_{j+1}^0 = U_j^0 \oplus U_j^1, j \in Z \tag{5-17}$$

定义子空间U_j^n是函数$U_n(t)$的闭包空间，而U_j^{2n}是函数$U_{2n}(t)$的闭包空间，并令$U_n(t)$满足下面的双尺度方程：

$$\begin{cases} u_{2n}(t) = \sqrt{2}\sum\limits_{k\in Z} h(k)u_n(2t-k) \\ u_{2n+1}(t) = \sqrt{2}\sum\limits_{k\in Z} g(k)u_n(2t-k) \end{cases} \tag{5-18}$$

式中，$g(k)=(-1)^k h(1-k)$，即两系数具有正交关系。当$n=0$时，以上两式直接给出

$$\begin{cases} u_0(t) = \sum\limits_{k\in Z} h(k)u_0(2t-k) \\ u_1(t) = \sum\limits_{k\in Z} g(k)u_0(2t-k) \end{cases} \tag{5-19}$$

将其推广到$n \in Z_+$的情况，即可得到公式（5-18）的等价表示

$$U_{j+1}^n = U_j^n \oplus U_j^{2n+1}, j \in Z; n \in Z_+ \tag{5-20}$$

由公式（5-18）构造的序列$\{u_n(t)\}_{n\in Z}$为关于序列$\{h(k)\}$的正交小波包。

5.2.2　算法设计

本书设计的多形态T峰定位算法主要采取了6个策略：（1）从ECG信号中检测并去除QRS波群；（2）基于小波变换找到与T峰对应的模极值对；（3）归一化小波变换后整个信号的幅度；（4）设置恰当的阈值判别和提取与T峰对应的模极值位置信息；（5）运用SVM建立训练集和提取待检测心电信号T峰对应的模极值位置信息；（6）将待检测心电信号T峰对应的模极值位置信息回溯到原始的时间尺度上定位T波峰值。具体流程如图5-3所示。

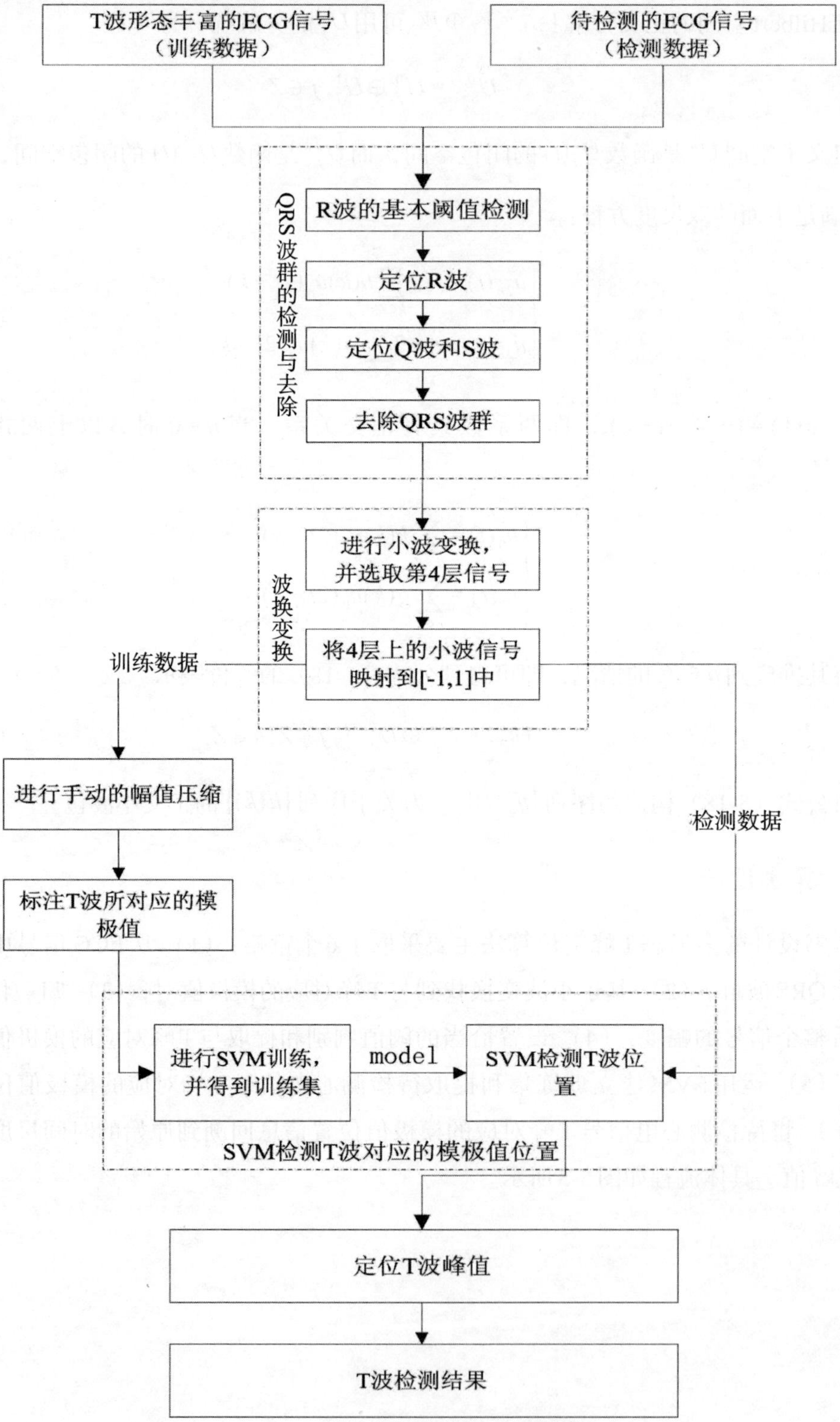

图5-3　多形态T峰定位算法流程图

5.2.2.1 检测并去除QRS波群

原始ECG信号如图5-4(a)所示，QRS波群是心电信号的主要成分。由于QRS波群在时域和频域上的突出表现会影响T波的检测，所以我们需要首先检测出QRS波群，并将它从时域上消除掉。

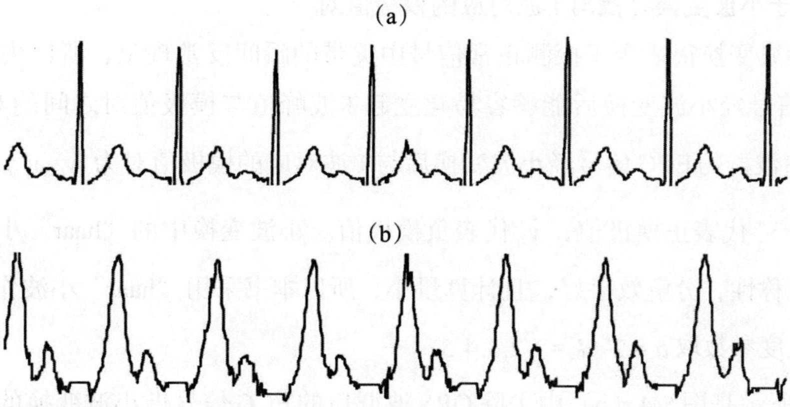

图5-4（a）为原始ECG信号；（b）去除QRS波群后的心电信号

检测QRS波群是一项比较成熟的技术，本书设计了一种改进的差分阈值法来首先定位R波位置，再检测与去除QRS波。设采样后的心电信号用E_m表示，其中$m=1, 2, \cdots, N$，N为正整数，代表记录的心电信号采样点，则QRS波群检测算法如下。

步骤1：计算检测R波的基本阈值。缓冲15秒心电数据，去除基线漂移并将其平均分为5个分段。对每一分段心电信号依次做后项差分，再找出每一分段中的最大差分值，将它们平均后作为检测R波的基本阈值。设每一分段心电数据的长度为n，第i段第j位的心电信号数据及其差分值分别用$d(i, j)$和$dif(i, j)$（$i=1,2,3,4,5; j=1,2,\cdots n-1$）表示；又设每一分段的最大差分值为$difR(i)(i=1,2,3,4,5)$，用$R_th$表示R波的基本阈值，则计算$R_th$的算法为

$$\begin{aligned} dif(i,j) &= d(i,j+1)-d(i,j); i=1,2,3,4,5; j=1,2,\cdots n-1 \\ difR(i) &= \max(dif(i,j)); j=1,2,\cdots,n \\ R\_th &= mean(difR(i)); i=1,2,3,4,5 \end{aligned} \tag{5-21}$$

步骤2：定位R波。若连续三位心电信号的差分值同时满足公式（5-22），即

$$\begin{aligned} &dif(i,j) > 0.4*R\_th; \\ &dif(i,j+1) > 0.4*R\_th; \\ &dif(i,j+2) < 0.4*R\_th; \end{aligned} \tag{5-22}$$

则在第j位前后0.1 s内搜索和定位R波。

步骤3：当R波被定位后，在该R波位置前后0.2 s内搜索和定位Q波和S波。

步骤4：检测到QRS波群后，在时域上将其从心电信号E_m中消除。

如图5-4（b）是图5-4（a）去除QRS波群后的心电信号波形示意图。图5-4（b）的结果表明，去除QRS波群后，T波信号所占比重明显增大。

5.2.2.2　**基于小波变换寻找与T波对应的模极值对**

由于小波变换很适合于探测正常信号中夹带的瞬间反常现象，所以去除QRS波群的ECG信号经小波变换后能够容易建立起T波峰值与模极值对之间的对应关系。设去除QRS波群的ECG信号经小波变换后与T波对应的模极值对为$\{v_l^+, v_l^-\}$。其中，l为正整数，v^+代表正模极值，v^-代表负模极值。小波变换中的“haar”小波具有紧支撑性和对称性，分解效果好，且计算量小，所以本书采用“haar”小波作为分解的母小波，尺度参数取$a = 2^k (k = 1,2,3,4,5)$。

图5-5所示是图5-4（b）中去除QRS波群后的ECG信号做小波变换的结果。从图5-5中可以看出，当$k = 3$和$k = 4$时，与T波所对应的模极值对比较明显，能够反映T波波峰的特征。特别是在$k = 4$分解层中，信号变化基本由与T峰对应的模极值对主导，因此，本书方法把$a = 2^4$作为小波变换的分解尺度。

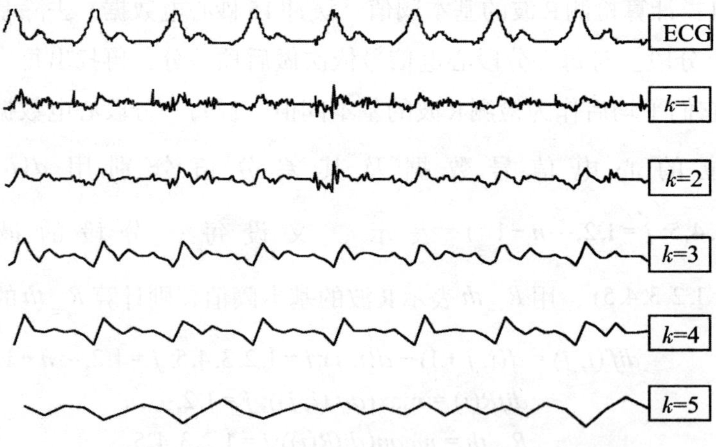

图5-5　去除QRS波群后的ECG信号在不同尺度下的小波变换结果

5.2.2.3　**归一化小波信号幅度**

将小波变换后第4尺度上的信号幅度按公式（5-23）映射到[−1, 1]范围中，即

$$F_k = [f_k - \min(f_k)] / [\max(f_k) - \min(f_k)] \tag{5-23}$$

其中，f_k为心电信号E_m的小波变换值，F_k为f_k映射到[−1, 1]后的幅度值，k=1,

2，…，$m/16$。

5.2.2.4　设置恰当的阈值判别和提取与T波对应的模极值位置信息

根据经验，设置模极值判别阈值为0.6。若$|F_k|$大于等于0.6，则判定该$|F_k|$为模极值，并输出其位置信息U_l=1（1代表F_k中第1个T波对应的模极值）；然后跳过4点，从F_{k+4}起继续与阈值比较；若F_k小于0.6，则判定F_k为非模极值，不输出其位置信息。

5.2.2.5　运用SVM建立训练集“model”并提取待检测心电信号T波对应的模极值位置信息

（1）建立训练集“model”

有关研究表明，目前T波的主要形态可归纳为如图5-6所示的6种类型。其中，图5-6（a）为正向T波，图5-6（b）为负向T波，图5-6（c）为上升T波，图5-6（d）为下降T波，图5-6（e）为负正双向T波，图5-6（f）为正负双向T波。

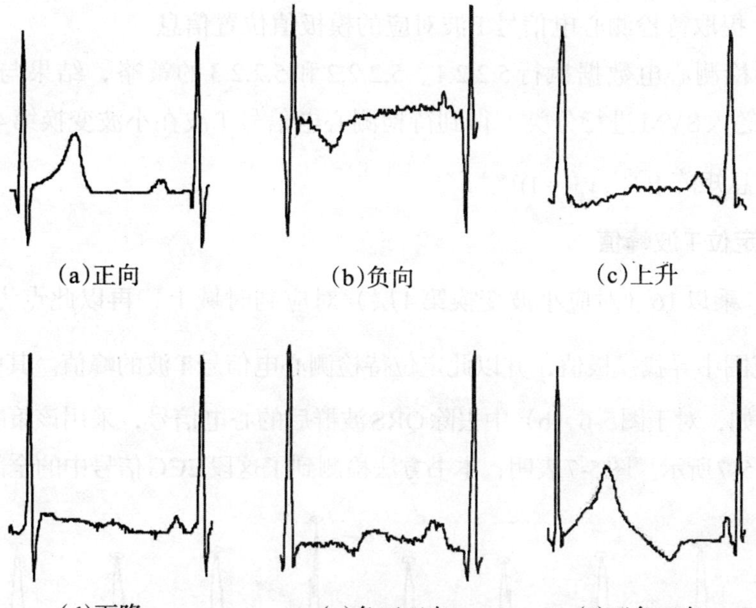

(a)正向　(b)负向　(c)上升

(d)下降　(e)负正双向　(f)正负双向

图5-6　心电T波的6种形态

上述6种形态的T波经小波变换后的模极值个数和形态表现各不相同。如果只采用小波变换技术来检测T波，则需要针对不同形态的T波来设置不同标准的阈值进行检测。过多的阈值设置将增大T波检测算法的实现难度和检测结果的不准确性，很难获得良好的T波检测性能。SVM的主要思想是通过学习先验知识，建立一个超平面作为决策曲面，使得正例和反例之间的隔离边缘被最大化。为了达到较高准确性的多形态T波智能检测的目的，我们采用SVM对包含6种形态的T波对应的模极值按情况做分类学习，建立一个包含6种形态T波的训练集“model”，以提高多形态T波的检测正确率。建立训练集“model”的方法如下。

第一步：选择包含6种形态的ECG信号，按照5.2.2.1、5.2.2.2、5.2.2.3和5.2.2.4的策略对其进行处理。若经过5.2.2.3归一化处理后在$a=2^4$分解层上仍然出现个别高幅度的模极值，则需要对其进行手动的幅值压缩处理，将其映射到[−1, 1]范围中，以确保与T波对应的各个模极值幅度基本保持相同。

第二步：设置窗宽为4、步长为1的滑动窗，从F_k的起始位置开始滑动。当滑动窗的第一位位于U_l时，其输出y_k=+1，代表该点为T波对应的模极值位置；其他情况输出y_k=−1，代表该点为非T波位置。最后，建立起F_k中T波与非T波与其对应位置关系的矩阵$\{(F_k, y_k)\}_{k=1}^{m/4}$。

第三步：将矩阵$\{(F_k, y_k)\}_{k=1}^{m/4}$输入SVM生成训练集“model”。

（2）提取待检测心电信号T波对应的模极值位置信息

将待检测心电数据执行5.2.2.1、5.2.2.2和5.2.2.3的策略，结果与训练集“model”一起送入SVM进行分类，得到待检测心电信号T波在小波变换第4尺度上的模极值位置信息矩阵$\{(F_k', y_k'=1)\}_{k=1}^{m/4}$。

5.2.2.6 定位T波峰值

将F_k'乘以16（对应小波变换第4层）对应到时域上，再以此点为中心，在前后$0.1*fs$范围中寻找模极值，并以此定位待检测心电信号T波的峰值。其中，fs为心电采样率。例如，对于图5-6（b）中去除QRS波群后的心电信号，采用该策略检测到的T波峰值如图5-7所示。图5-7表明，本书方法检测到了这段ECG信号中的全部T波峰值。

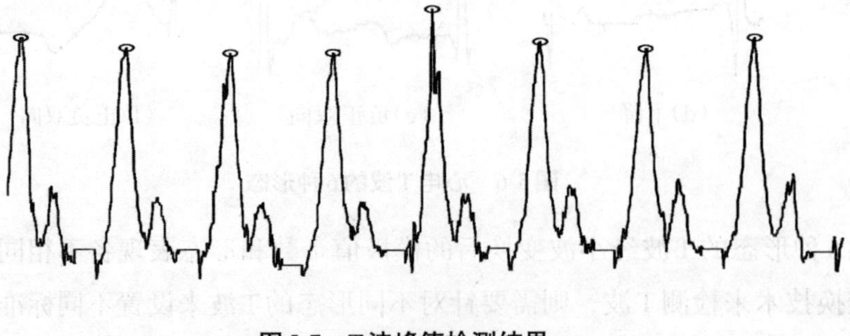

图5-7 T波峰值检测结果
被检测到的T波峰值用“o”标识

5.2.3　实验结果与分析

5.2.3.1　实验数据

The QT Database中包含有各类形态的T波数据，且其中部分数据的T波位置有专家手工标注信息，因此，我们采用该数据库中的数据来评价本书方法的检测性能。我们选取了The QT Database中包含上升、下降、正向、负向、正负双向、负正双向6种T波形态的心电信号生成训练集“model”。由于“model”中包含了训练数据的分类信息，所以可以采用该模型来对其他的心电数据进行T波检测。

5.2.3.2　结果与比较

The QT Database中编号为sel31的心电信号中含有较多的负向T波，编号为sel310的心电信号中含有较多的正向T波。如图5-8中（a）和（c）分别为sel31和sel310心电数据中专家标注T的结果，（b）和（d）分别为本书方法检测对应T波的结果。从图5-8中可以看到，在一定的误差容忍度范围内（通常为20 ms），本书方法对不同形态的T波检测结果与专家标注的结果一致。而20 ms的误差容忍度范围在临床上是允许存在的。

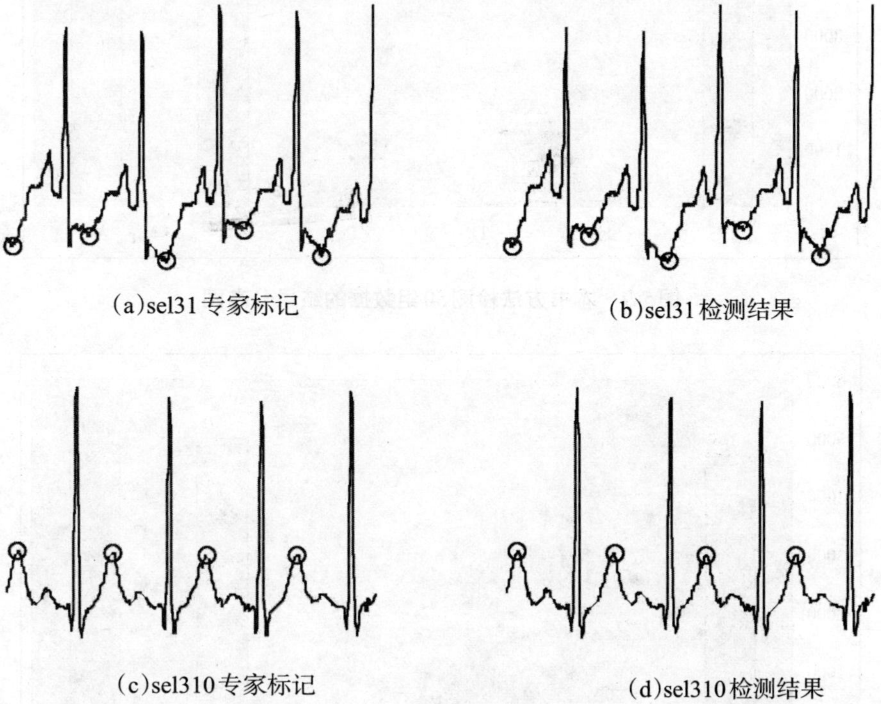

(a)sel31专家标记　(b)sel31检测结果

(c)sel310专家标记　(d)sel310检测结果

图5-8　心电信号sel31和sel310中T波专家标注结果和本书方法检测结果对比

我们又抽取The QT Database中50组数据的各100个心拍作为算法检测的统计样本。

在误差容忍度为20 ms情况下，本书方法与专家标注对比后的结果如图5-9所示。图5-9中TP代表真阳性个数，FP代表假阳性个数，TN代表真阴性个数，FN代表假阴性个数，MP代表专家标注的T波总数，AP代表本书方法正确检测的总数。从图5-9中可以看出，本书方法检测结果的真阳性T波高达4902个，假阳性T波和假阴性T波分别为86和98。由于所选心电信号均有T波存在，故检测结果的真阴性T波个数为0。

采用S.Krimi等人评估方法和图5-9的结果，不难计算出本书方法检测T波的精确度为 $TP/(TP+FP+FN)=96.38\%$ 、敏感度为 $TP/(TP+FN)=98.04\%$ 、阳性预测率为 $TP/(TP+FP)=100\%$ 。

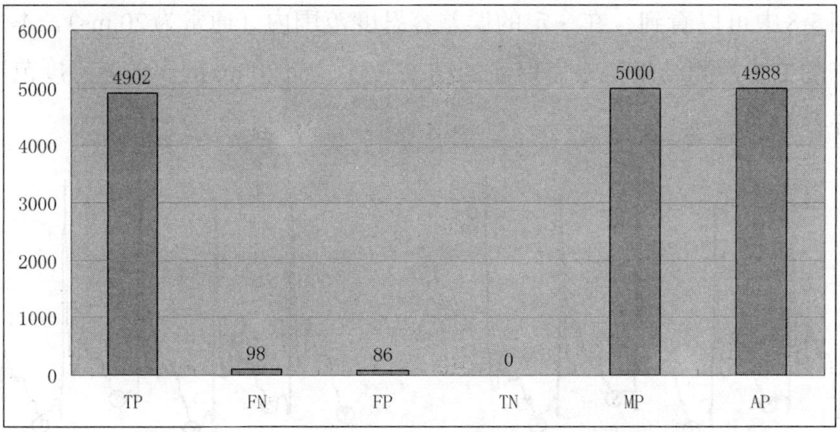

图5-9　本书方法检测50组数据的结果分布图

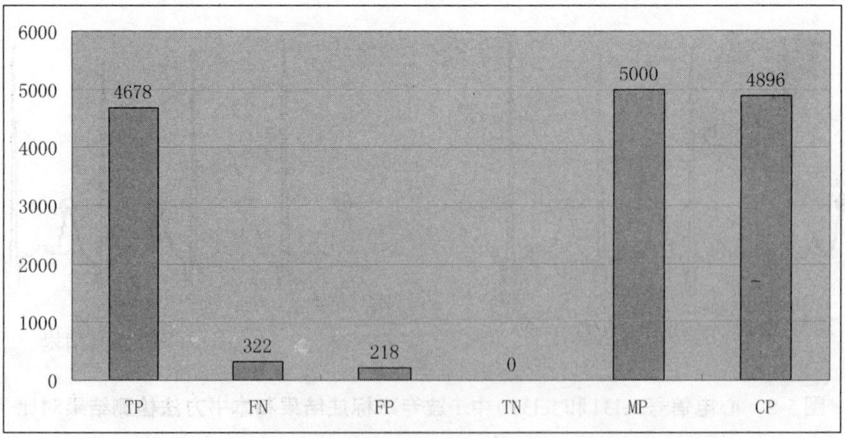

图5-10　S.Ladavich等的算法检测50组数据的结果分布图

为了说明验证本书方法的有效性和可行性，我们采用与本章方法类似的改进小波变换方法来检测上述The QT Database中50组数据的T波，计算结果如图5-10所示。图5-10中，CP代表S.Krimi等人的算法正确检测的总数。

从图5-9和图5-10可以看出，本书方法检测出了4902个正确的T波，而S.Krimi等人的方法只检测出了4678个正确的T波，且本书方法在FN和FP上的值也明显低于S.Krimi等人的方法的对应结果，表现出了较强的T波检测能力。同理，可计算出S.Krimi等人的方法检测T波的精确度、敏感度和阳性预测率，与本书方法对比的结果如图5-11所示。

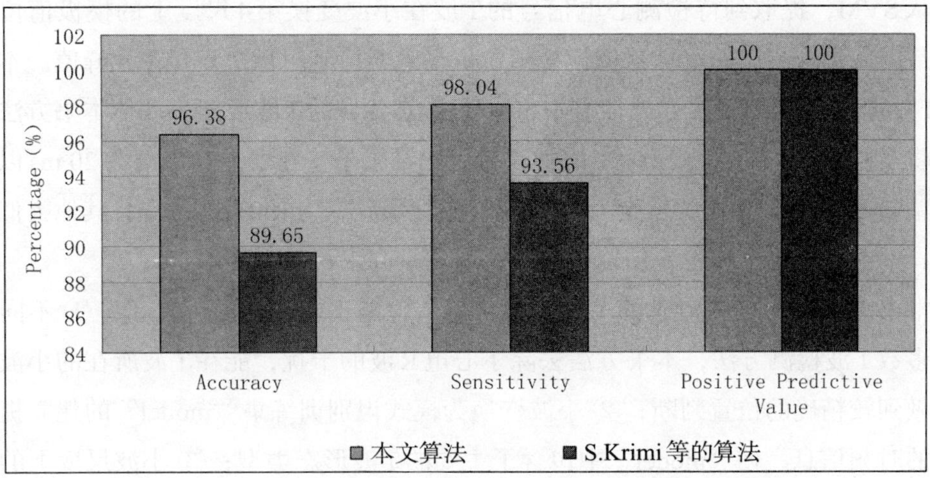

图5-11　本书方法与S.Krimi等人的算法三个性能指标的对比图

从图5-11中可以看出，本书方法的T波检测精确度和敏感度分别比S.Krimi等的方法高出6.73%和4.48%。由于数据中均存在心电T波，故两种方法的阳性预测率均达到了100%。进一步，我们给出了50组数据中T波形态较丰富的7组心电信号数据的两种方法检测精确度对比结果，如表5-1所示。从表5-1中可以看到，对于每一组心电信号数据，本书方法的检测精确度均高于S.Ladavich等人的方法。

表5-1　7组数据的T波检测精确度对比

数据名	误差<20ms	
	S.Ladavich等的方法	本书方法
sel30	90.25%	97.54%
sel34	92.67%	95.31%
sel49	89.73%	94.32%
sel301	86.67%	100%
sel840	91.43%	95.70%
sel6483	88.10%	98.35%
sel6265	83.57%	96.37%

5.2.4 讨论与结论

本书提出了一种在心电QRS波群去除之后的多形态T波检测新方法。新方法首先把人工选择的包含6种T波形态的心电信号去除其QRS波群，做小波变换后在第4尺度上找到与T波对应的模极值，并把小波变换后整个信号幅度映射到[-1，1]范围内，设置恰当的阈值判别和提取与T波对应的模极值位置信息，将其作为训练数据输入支持向量机，构建一个与6种T波形态对应的模极值训练集“model”。接着，将待检测心电信号做QRS波群去除、小波变换和幅度归一化处理后的结果与“model”一起输入SVM，提取到待检测心电信号的T波在小波变换第4尺度上的模极值位置信息；最后，把待检测心电信号的模极值位置信息对应到时域上定位T波峰值。本书采用QT数据库中50组真实心电信号中5000个形态各异的T波数据来评估本书方法的性能，将实验结果与库中专家标注信息对比后的结果是：在误差容忍度为20 ms以内的检测精确度为96.38%，敏感度为98.04%，阳性预测率为100%。与现有其他类似方法比较，本书方法的平均检测精确度和敏感度分别高出6.73%和4.48%。

本书方法对于各种形态的T波能够获得高检测正确率的原因在于：① 不同于现有大多数T波检测方法，本书方法去除了心电R波的干扰，能在T波所在的小波变换层中做到较精确的位置判断；② 小波变换为模式识别训练集“model”的建立提供了丰富的时频信息，使“model”中包含了主要的T波形态类型；③ 小波尺度上的幅度映射和幅值压缩等策略使训练集分类更加准确；④ 设计了有效的T波峰值定位策略。传统方法将模极值对中间的过零点作为T波峰值位置。然而，去除QRS波群后的ECG信号经尺度为$a = 2^4$的小波变换后，其数据长度缩短为原来数据长度的1/16，导致模极值对的两个正负极值之间可能没有整数点出现，因而不易寻找到过零点。本书方法克服了传统方法存在的问题。本书方法具有良好的抗噪鲁棒性。

随着临床医学的发展，更多其他新形态的T波将被发现。只要扩展本书方法中训练集“model”包含的T波形态类型，本书方法仍然能够保持现有的检测精确度，具有很好的可扩展性。

然而，本书方法仍然存在一些不足。首先，SVM的分类方法是一种基于最优化的方法，对训练集数据的要求较高，不一定能够做到完全精确的分类；其次，训练“model”时用来处理单个模极值较大的幅值压缩法并不能很好地结合到T波的自动检测中。例如，图5-12是按式（5-23）归一化到[-1，1]范围后的小波信号，其中仍然存在一个远超出[-1，1]范围的模极值对。对于训练数据，目前本书方法主要采用手动压缩这类信号的幅值。对于待检测数据，若某些T波在小波变换后存在突出模极值对，本书方法在一定阈值下检测模极值，则可能会漏检这些T波。因此，本书方法需要规避这类T波数据或者对突出位置的模极值采取手动幅值压缩，使各个模极值对的幅度基本一致。

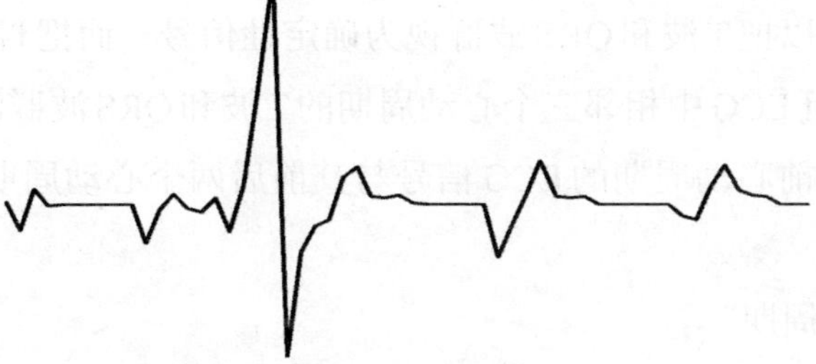

图5-12 存在突出模极值对的小波信号

未来的工作是要分析突出模极值对出现的原因，设计自动的突出模极值幅值压缩方法，进一步提高本书方法检测T波的精确度。

5.3 受房颤f波干扰下的T波末端定位方法

ECG中QRS波群的R峰是ECG信号中最容易检测的特征，因此R峰的定位难以受到干扰的影响。T波波峰因其幅度较高的特性也成为较少受干扰的另一个特殊位置。本书主要探讨了在房颤f波干扰下如何定位T波末端（也称终点）的方法。本书方法的设计思想是在定位R峰和T峰基础上，通过抑制f波来减小其对T波末端（或终点）位置的影响。

5.3.1 方法设计

5.3.1.1 预处理

为了去除ECG中的基线漂移、运动伪影和高频噪声等干扰，本书首先将ECG信号进行0.5 ~ 40 Hz的带通滤波，在很大程度上滤除ECG信号中的高频成分和低频成分，但频率较高的基线漂移仍然会对ECG信号的特征波定位造成影响，因此，本书进一步采用滑动平均滤波器和最小均方差方法较为完整地去除了基线漂移。为了便于表述，我们将经过预处理后的ECG信号表示为关于时间n的连续函数，记为$s(n)$。

5.3.1.2 R峰和T峰定位

QRS波群是心电图上最显著的特征，很多ECG处理方法都将QRS波群的定位作为后续特征点定位的第一步。本书方法直接利用改进的差分方法来定位$s(n)$每个心动周期中的R峰，利用Elgendi等人的方法来提取T峰。在$s(n)$的每个心电周期中，前一个R峰后40*(RR/fs)到后一个R峰前(RR/fs)/135为一个处理窗口，定位T峰位置。这里RR指的是相邻的R峰间期，fs是信号采样频率。

5.3.1.3　**f波抑制**

众所周知，心房电活动和心室电活动是分开的，f波形态和发生位置具有不规则的特性。因此，可以把T波和QRS波群视为确定性信号，而把f波视为随机信号。假设f波随机出现，且ECG中相邻三个心动周期的T波和QRS波群没有显著的变化，为此，本书提出将当前心动周期的ECG信号与其前后两个心动周期的ECG信号做平均运算来抑制f波。

（1）定义心动周期

一般看来，ECG的一个心动周期是从P波开始到T波/U波结束。传统的心动周期计算方法是把R峰前0.3倍的RR间期位置作为起点，把R峰后0.7倍的RR间期作为终点。在此，本书基于R峰和T峰定义了新的心动周期以避免f波抑制过程中对T波形态的影响。新的心动周期定义为每个R峰前0.15倍RR间期的位置到每个T峰后0.2倍RR间期的位置。由此可见，本书中心动周期的长度并不严格等于ECG中RR间期的长度。本书后文的分析将基于新的心动周期，为了方便描述，本书简称其为心动周期。

（2）对齐三个心动周期的R峰和T峰

假设$s(n)$中有N个心动周期，第i个心动周期的ECG片段表示为a_i。因此，$s(n)$中可以提取出N个这样的ECG片段。在第i个心动周期中，R峰和T峰间的距离表示为RTI(i)，其中i=1，2，…，N。设RTI(i)中的ECG信号片段的采样点数为$Sn(i)$，因为对房颤病人来说连续三个相邻心动周期的RTI一般不完全相同，所以对应的$Sn(i-1)$、$Sn(i)$和$Sn(i+1)$也不完全相同。如果把三个心动周期的R峰对齐，他们的T峰不一定会对齐，反之亦然。如果直接对a_{i-1}、a_i和a_{i+1}进行平均运算，平均后信号的R波和T波形态可能发生改变。比如说，平均后的ECG信号中的T波可能会比实际情况变得更宽。为了克服这种情况，本书提出通过保持$Sn(i-1)$、$Sn(i)$和$Sn(i+1)$相等来同步对齐R峰和T峰。

a_i的$Sn(i)$首先被设定为一个模板，然后依次重采样a_{i-1}和a_{i+1}以使得$Sn(i-1)$和$Sn(i+1)$与$Sn(i)$相等。重采样频率计算公式如下：

$$frs = fs * (Sn(i)/Sn(x)) \tag{5-24}$$

其中，fs是采用频率；x等于$i-1$或者$i+1$。重采样后的a_{i-1}和a_{i+1}记为a'_{i-1}和a'_{i+1}。此时，因为$Sn(i-1)$、$Sn(i)$和$Sn(i+1)$重采样后相等，所以a'_{i-1}、a_i和a'_{i+1}的R峰和T峰可以对齐。

（3）通过平均抑制f波

需要对a'_{i-1}、a_i和a'_{i+1}截断或者补零，因为它们虽然R峰和T峰已经对齐，但是长度可能不尽相同。如果a'_{i-1}或a'_{i+1}的头部或者尾部超过了a_i的长度，多余的部分会被截断。补零运算用来使得三个信号的采样点数完全相同。

a_i的f波通过平均a'_{i-1}、a_i和a'_{i+1}三段信号来抑制。平均过后的ECG片段记为b_i。之后，a_{i+1}会作为下一次计算的参考心动周期。重复上述步骤可以得到b_{i+1}。以此类推，可以得到$s(n)$ 中f波抑制后的N个ECG信号片段。f波抑制算法流程图如图5-13所示。

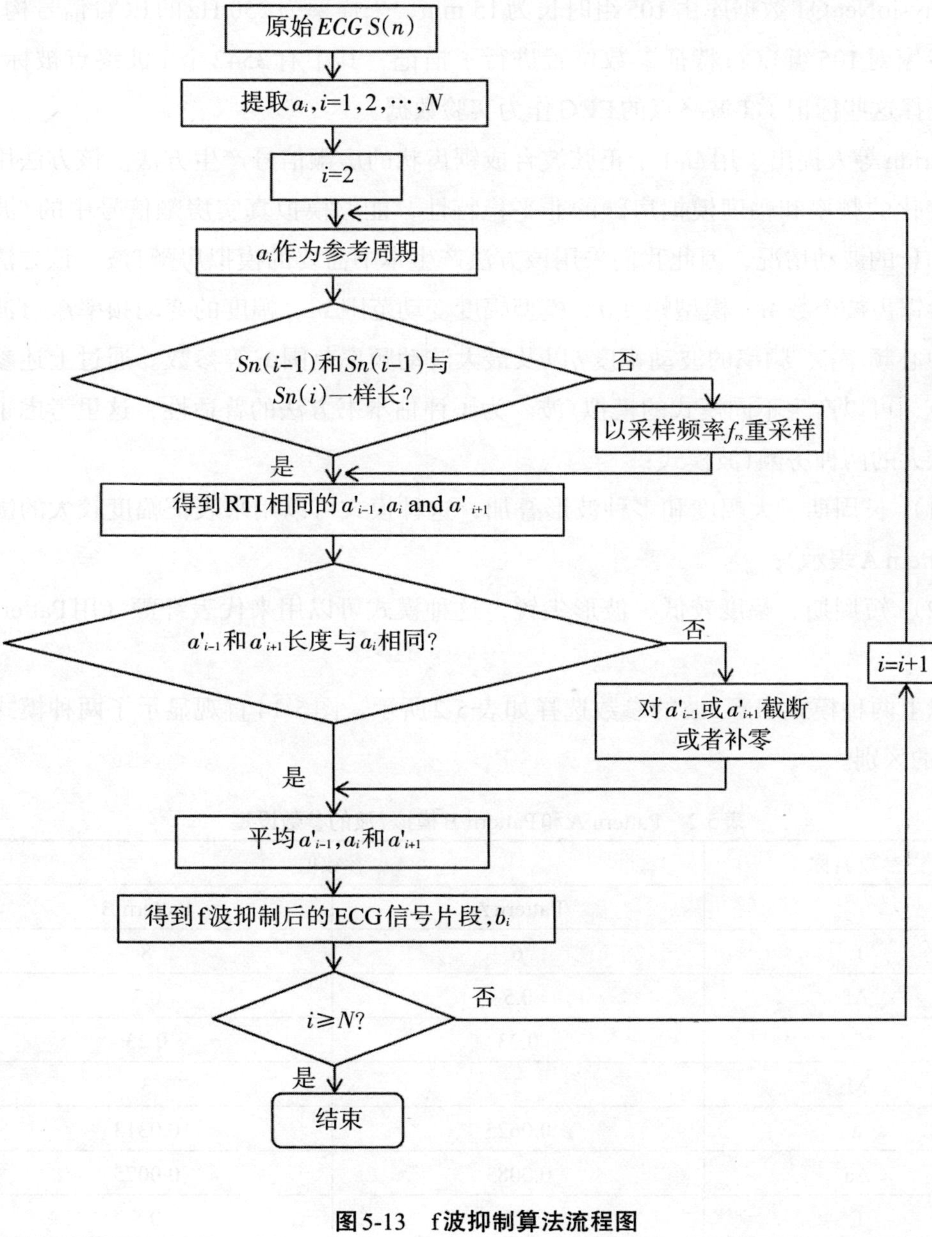

图5-13　f波抑制算法流程图

5.3.2 实验验证与分析

5.3.2.1 实验数据

由于专家标记T波终点的房颤病人ECG数据很难获得，因此我们采用模拟房颤ECG数据来验证本书方法的效果。模拟房颤ECG是由PhysioNet QT数据库（http：//physionet.org/physiobank/database/qtdb）中专家标记T波终点的ECG叠加上模拟f波构成的。

PhysioNet QT数据库由105组时长为15 min、采样率为250 Hz的ECG信号构成。一位专家对105组ECG特征参数位置进行了描记，其中有3542个T波终点被标记。我们选择这些标记了T波终点的ECG作为实验数据。

Stridh等人提出了用M-1个正弦波合成锯齿状的房颤信号产生方法。该方法用随时间变化的频率和幅度模拟房颤的非平稳特性，能够模拟真实房颤信号中的f波在3 ~ 10 Hz的波动情况，因此我们采用该方法产生本书需要的模拟房颤f波。该方法主要包含锯齿波个数M、模型幅度a、模型幅度变动范围Δa、幅度的变动频率f_a、f波波动的中心频率f_0、频率的波动幅度f_f以及最大波动频率范围Δf等参数。通过上述参数的调节，可以产生不同模式的模拟f波。为了评估本书方法的普适性，这里考虑了差别比较大的两种房颤f波模式：

（1）长周期、大幅度和多种波形叠加，这种模式可以用来表征幅度较大的颤动（用Pattern A表示）；

（2）短周期、幅度较低、波形尖锐，这种模式可以用来代表纤颤（用Pattern B表示）。

以上两种模式房颤f波的参数选择如表5-2所示。图5-14直观显示了两种模式房颤f波的区别。

表5-2 Pattern A和Pattern B模拟f波的参数设定

参数名称	参数值	
	Pattern A	Pattern B
f_0	6	8
Δf	0.5	0.3
f_{f}.	0.23	0.23
M	2	3
a	0.0625	0.0313
Δa	0.0083	0.0075
f_a	0.5	0.5

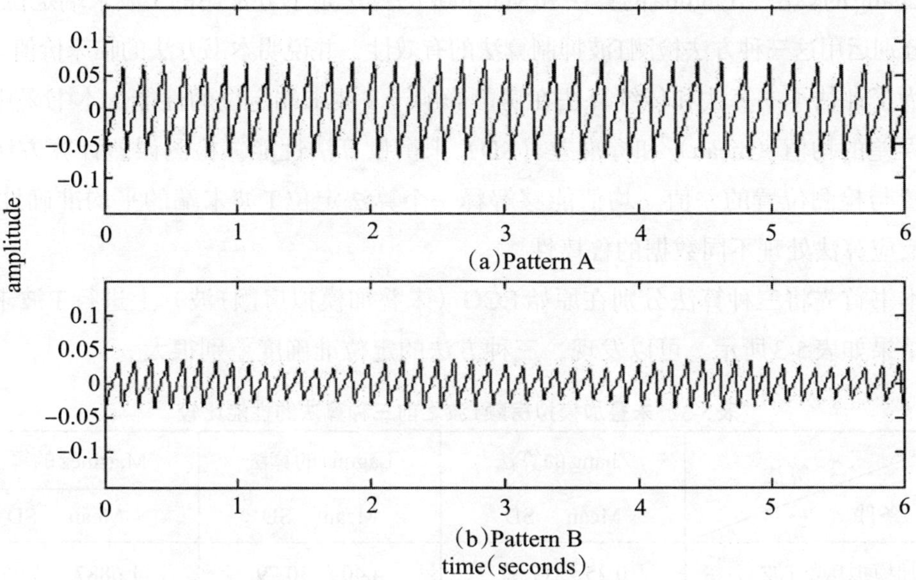

图5-14　房颤f波

通过将Pattern A和Pattern B的模拟f波信号分别与3543跳标准ECG信号叠加，我们获得了两组仿真的房颤ECG信号。两组信号分别用Group A和Group B表示，两组信号的波形如图5-15所示。

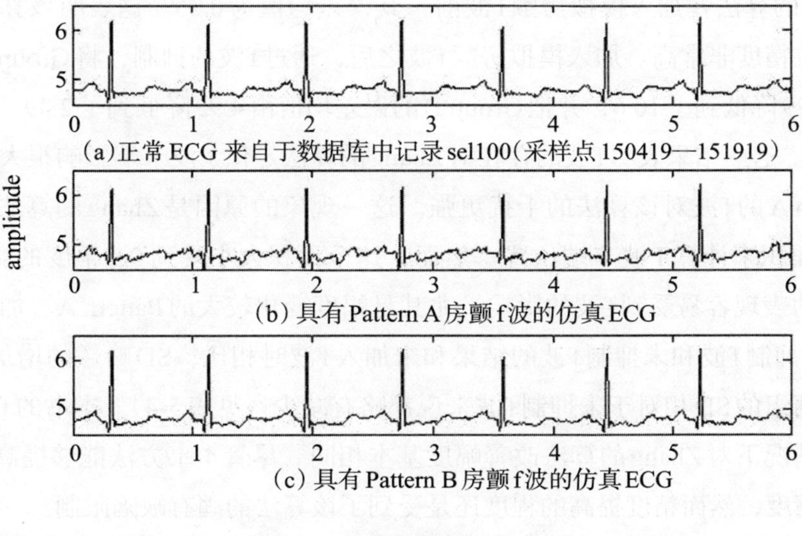

图5-15　仿真的房颤ECG信号

5.3.2.2　T波末端定位结果

由于专家标记T波终点的房颤病人ECG很难获得，因此我们采用Group A和Group B模拟房颤ECG来验证本书方法的效果。

Zhang的算法、Laguna的算法和Martínez的算法是十分常用的T波末端定位算法。本书分别运用这三种方法检测f波抑制算法的有效性，并说明本书方法的临床价值。

为了评估本书算法和传统算法在房颤影响下T波末端定位的性能，本书采用计算检测误差的均值（mean）和标准差（SD）来衡量算法性能。检测误差计算方法为描记位置与检测位置的差值。均值能够解释一个算法定位T波末端的平均准确性。SD能够反应算法处理不同数据的鲁棒性。

本书首先将三种算法分别在原始ECG（未叠加模拟房颤f波）上进行T波末端定位，结果如表5-3所示。可以发现，三种方法的定位准确度差别很大。

表5-3　未叠加模拟房颤f波之前三种算法的性能比较

算法 / 条件	Zhang的算法		Laguna的算法		Martínez的算法	
	Mean	SD	Mean	SD	Mean	SD
未叠加模拟房颤f波	0.25	17.57	4.40	30.79	1.6887	32.50

在原始ECG数据中加入模拟房颤f波后，三种算法在f波抑制前和抑制后的检测误差均值如图5-16所示。检测误差的标准差记录在表5-4中。在图5-16中，f波抑制后的三种算法的误差均值都显著低于没有f波抑制的分组。在表5-4中，f波抑制后的SD值较之没有f波抑制的情况略有增加。

Zhang的算法在加入模拟房颤f波前，其误差均值为0.25。这表明该算法在此条件下的定位精度非常高。加入模拟房颤f波之后，通过f波的抑制，将Group A的误差均值由13.29降低到了10.6，并把Group B的误差均值由4.95降低到了2.49［如图5-16（a）所示］。这一结果表明f波的存在对Zhang的算法定位T波末端影响很大，相对而言，Pattern A的f波对该算法的干扰更强。这一现象的原因是Zhang的算法通过T波下区域的面积来计算T波末端位置。然而，这个面积大小受到f波幅度的影响很大，所以算法的表现容易受到f波的影响，尤其是幅度变化较大的Pattern A。加入模拟房颤f波后，抑制f波和未抑制f波的结果和未加入f波时相比，SD略微的增加。在f波抑制后，两组的SD相对于未抑制f波来说都略有减少（见表5-4）。本书的f波抑制方法在两种情况下对Zhang的算法改善幅度基本相同。尽管本书方法能够提高Zhang算法的定位精度，然而精度提高的程度还是受到了该算法的固有缺陷限制。

Laguna算法是一种基于差分的T波末端定位方法。在加入模拟房颤f波前，Laguna算法的误差均值为4.4。加入模拟房颤f波后，在Group A数据上，本书的f波抑制算法将误差均值由未抑制前的5.57降低到3.15；在Group B数据上，本书的f波抑制算法将误差均值由未抑制前的5.47降低到1.07［如图5-16(b)］。在没有f波抑制算法的情况下，该算法在Group A和Group B两组数据上的误差均值相当，说明这种基于差分的方法对不同的f波模式有较为稳定的表现。f波抑制后，该算法在Group A和Group B两组数据上的误差均值都小于没有抑制的情况。原因如下：本书方法不仅能够抑制f波，而且能够抑制ECG信号中的残留噪声。Laguna算法的SD在Group A和Group B两组数据上抑制f波后都有所上升。考虑到降低的误差均值，升高的SD说明在某些数据中，该算法的准确率明显高于其他的数据。

Martínez的算法基于小波分析。小波能够从不同频率尺度上对信号进行分解。在加入模拟房颤f波之前，该算法的定位误差均值是1.6887。加入模拟房颤f波后，f波抑制算法将Group A的误差均值由7.37降到了2.39，将Group B的误差均值由5.63降到0.59［如图5-16(c)］。对于Group A和Group B两组数据来说，f波抑制算法均大幅度地降低了对应组的误差均值。从SD角度来说，在Group A中SD略有增长。因为这种情况下误差均值与没有加入模拟房颤f波前相当，比加入模拟房颤f波但未抑制的情况相比降低了60%以上。这说明f波抑制算法在一些ECG记录上略微改善了Martínez算法的准确性。对于其他ECG记录来说，改善情况是巨大的。在Group B中，SD基本保持不变。

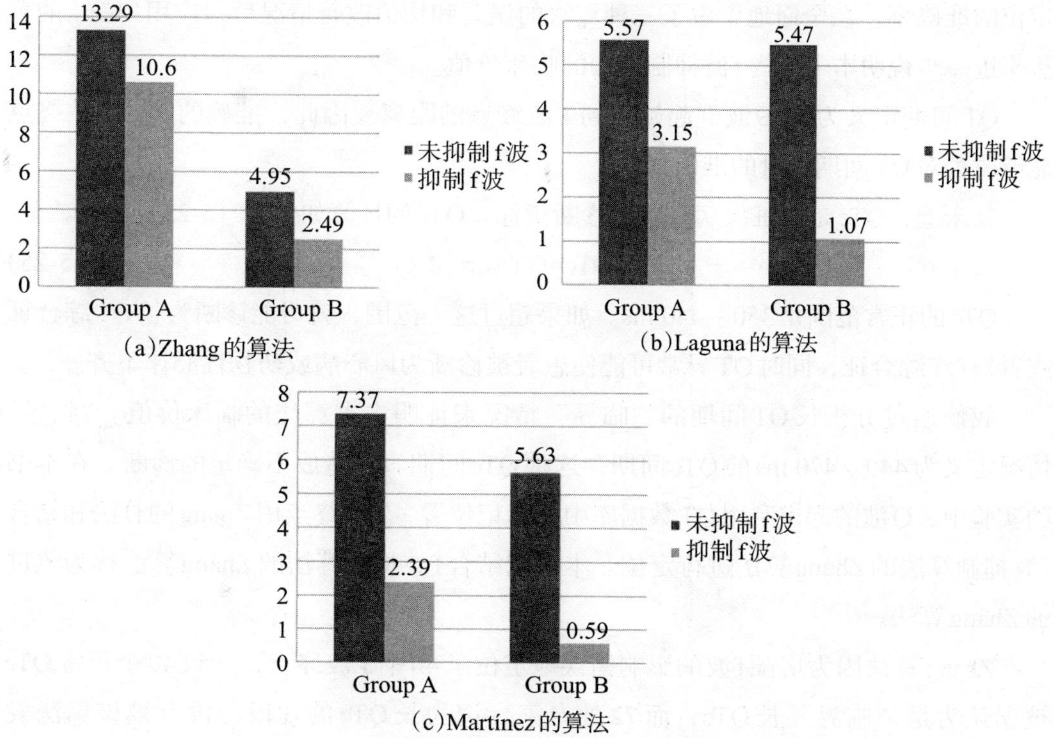

(a)Zhang的算法　(b)Laguna的算法

(c)Martínez的算法

图5-16　加入模拟房颤f波后三种算法误差均值的比较

表5-4　加入模拟房颤f波后三种算法的SD比较

		Zhang的算法	Laguna的算法	Martínez的算法
Group A	未抑制f波	31.13	41.63	49.84
	已抑制f波	30.35	50.66	74.3
Group B	未抑制f波	21.98	37.97	43.98
	已抑制f波	21.86	47.38	44.38

比较三种定位算法后发现，对于原始的ECG信号（加入模拟房颤f波前），Zhang的算法有着最好的定位准确度，Martínez算法的准确度比Laguna算法的更好。加入模拟房颤f波以后，在没有f波抑制的情况下，Laguna算法最为出色，因为基于斜率的方法能够在一定程度上抑制波动带来的影响。在采用f波抑制算法之后，Martínez的算法误差均值最低，但是SD增长了很多。Zhang的算法是基于T波下的面积设计，所以它对于波动更为敏感，因此误差均值也最大。然而，Zhang算法的SD在Group A和Group B两组数据上非常平稳。

5.3.2.3　**临床价值分析**

本书方法能够提高目前常用T波末端定位算法在受到房颤f波干扰的ECG上T波定位的准确率。在全面地考虑了三种算法的误差和均值改善情况后，应用Zhang的算法来进一步说明本书所提f波抑制算法的临床价值。

QT间期定义为QRS波群起始点到T波终点的距离。因此，准确的定位T波终点能够改善对QT间期测量的准确性。

临床上，QTc是心脏疾病重要的诊断指标。QTc的计算如公式（5-25）所示。

$$QTc=QT/sqrt(RR) \tag{5-25}$$

QTc的正常范围是350 ~ 440 ms。如果超过这一范围，就可能诊断为长QT综合征或者短QT综合征，同时QT异常可能使患者被诊断为风心病或药物性心律不齐。

我们通过分析长QT间期的“临界”情况来证明本书算法的临床价值。“临界”情况定义为440 ~ 470 ms的QTc间期，这种QTc间期容易造成不确定的诊断。在本书的实验中，Q波的起点利用QT数据库中的标记位置，T波终点用Zhang的算法和结合f波抑制算法的Zhang算法进行定位。本书把结合f波抑制算法的Zhang算法称为改进的Zhang算法。

Zhang算法因为房颤f波的影响错误地定位了40个T波终点，导致40个正常QTc被误认为是“临界”长QTc，而72处专家标记为长QTc的片段却没有被该算法发现。然而，改进的Zhang算法纠正了一部分上述112个与专家标记不一致的结果。在sel310数据上，Zhang算法和改进的Zhang算法测量的QTc值如表5-5所示。

表5-5 在sel310数据上专家标记和实际测量的QTc测量值和状态

发生时间(采样点)	专家标记		Zhang算法		改进的Zhang算法	
	QTc	状态	QTc	状态	QTc	状态
150150—150228	0.4296	正常	0.4411	反常	0.4353	正常
150272—150354	0.4296	正常	0.4411	反常	0.4296	正常
150398—150473	0.4296	正常	0.4468	反常	0.4296	正常
150522—150597	0.4296	正常	0.4411	反常	0.4354	正常
150644—150719	0.4354	正常	0.4411	反常	0.4354	正常
150765—150840	0.4354	正常	0.4411	反常	0.4296	正常
150885—150962	0.4354	正常	0.4411	反常	0.4354	正常
151007—151084	0.4296	正常	0.4411	反常	0.4296	正常

表5-5的结果显示，改进的Zhang算法能够有效改正原始Zhang算法对QTc的错误定位和判断，进而降低误诊发生的可能性。所以，改进算法有更高的临床应用价值。

5.4 本章小结

本章设计了一种准确性较高的多形态T波检测方法。该方法的主要步骤为：(1) 从ECG信号中检测并去除QRS波群；(2) 基于小波变换找到与T波对应的模极值对；(3) 归一化小波变换后整个信号的幅度；(4) 设置恰当的阈值判别和提取与T波对应的模极值位置信息；(5) 运用SVM建立训练集和提取待检测心电信号T波对应的模极值位置信息；(6) 将待检测心电信号T波对应的模极值位置信息恢复到原始的时间尺度上定位T波峰值。

该方法不同于现有大多数T波检测方法。本书方法去除了心电R波的干扰，能够在T波所在的小波变换层中做到较精确的位置判断。小波变换为模式识别训练集“model”的建立提供了丰富的时频信息，使“model”中包含了主要的T波形态类型。在小波尺度上的幅度映射和幅值压缩等策略也使训练集分类更加准确。最后，本书方法设计了有效的T波峰值定位策略。传统方法将模极值对中间的过零点作为T波峰值位置。然而，去除QRS波群后的ECG信号经尺度为$a = 2^4$的小波变换后，其数据长度缩短为原来数据长度的1/16，导致模极值对的两个正负极值之间可能没有整数点出现，因而不易寻找到过零点。本书方法克服了传统方法存在的问题。

采用QT数据库中50组真实心电信号中5000个形态各异的T波数据来评估本书方法的性能，将实验结果与库中专家标注的信息对比后得到的结果是：在误差容忍度为20 ms以内的检测精确度为96.38%，敏感度为98.04%，阳性预测率为100%。与现有其他类似方法比较，本书方法的平均检测精确度和敏感度分别高出6.73%和4.48%。

未来要做的工作主要是针对突出模极值这个关键点，能自适应地对其进行幅值压缩，以进一步提高T波检测的高精确度。

接着，本章还建议了一种创新性较强的f波抑制算法来提高在房颤f波干扰下传统T波终点定位方法的准确度。本书方法主要利用了f波非平稳和随机性的特征，采用平均的方法来抵消f波的波动，从而提高T波终点定位精度。通过大量数据证明了结合本书提出的算法，传统算法在T波终点的定位上更加准确。在某些情况下，本书方法能够提高自动诊断的对QTc间期的诊断效果，具有较好的临床应用前景。

现在国际上有很多研究工作把重点放在提取房颤信号上。本书尝试过利用经典平均跳减法（average beat subtraction）、QRST对消算法和主成分分析法提取房颤信号，再将提取的房颤信号从原有ECG信号中减去，以便得到不受干扰的心室信号，再定位T波。然而，由于现有房颤提取算法提取精度有限，ECG在减去所提取的房颤信号后，剩余信号的波形产生了很大失真，为后续的T波终点定位带来了新的干扰和更大的挑战。

f波抑制算法的一个步骤是定位T波波峰。如果在三个相邻心电周期T峰被错误地定位，但是他们的相对位置保持一致，那么f波抑制算法也能够很好地抑制f波。这一点体现了本书算法的鲁棒性。然而，本书算法需要依靠三个相邻心电周期T波相对位置的一致性。如果T波波峰定位错误，但是相邻的T波波峰位置定位正确，f波仍然会被消除，但是会导致T波终点变得模糊。在这种特殊情况下，f波抑制就失去了它的意义。因此，当应用本书算法时，需要假设相邻三个心电周期T波和QRS波均没有显著的变化。在大多数情况下，相邻周期的T波形态和信噪比变化很大的情况非常少见。

发展对各种类型的f波都有很好鲁棒性的ECG波形检测算法是未来的研究方向。

第6章

异常QRS波情况下R峰定位修正算法

6.1 引言

QRS波群是心电信号最明显的特征波，代表室间隔、左右心室除极过程中产生的电位变化。一般QRS波群持续时间为0.06~0.08 s。一方面心电信号中包含的各种干扰、噪声会对R波波峰检测、波形匹配的准确性产生影响；另一方面心脏的各种病变会导致QRS波型复杂多样，这些因素增加了R波波峰准确检测的难度。尽管R峰定位方法已经十分成熟，但在异常QRS波情况下，现有相关方法的性能会受到影响。因此，本书发展了一种R峰修正算法，以改善R峰定位方法在异常情况下的性能。

6.2 方法设计

6.2.1 心电信号预处理及R波定位

（1）预处理

由于心电信号中包含的各种干扰、噪声会对R波波峰检测、波形匹配的准确性产生影响，所以需要先对心电信号进行预处理，去除基线漂移和一些随机干扰。本书采用前面提到的移动窗口中值滤波法去除心电信号中的基线漂移，采用带宽为0.5~40 Hz的带通滤波器消除工频干扰。

（2）R波检测

本书采用自动阈值平方函数方法对R峰进行检测。该方法是在平方函数的一阶导数和希尔伯特（Hibert）变换的基础上对检测阈值进行改进。在QRS波形态正常的情况下，N. M. Arzeno等人算法的R波检测准确率可达到99%。

虽然N. M. Arzeno等人算法在正常情况下定位R峰的效果十分优秀，但是房颤、室性早搏和差异性传导等因素的共同作用会导致QRS波形态产生畸变。而N. M. Arzeno

等人算法是基于区域内搜索最高峰值，当除R波外其他波的波峰过高时，该算法容易出现误检；当QRS波群幅度过小或者两个QRS波群距离较近时，则容易导致该算法出现漏检。如图6-1所示是在宽QRS波形态下，N. M. Arzeno等人算法出现R波漏检和误检的现象。

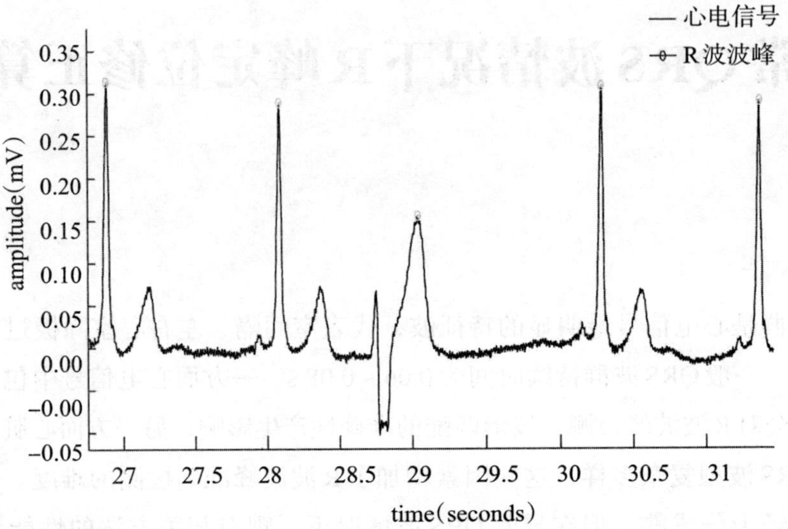

(a)R波波峰误检

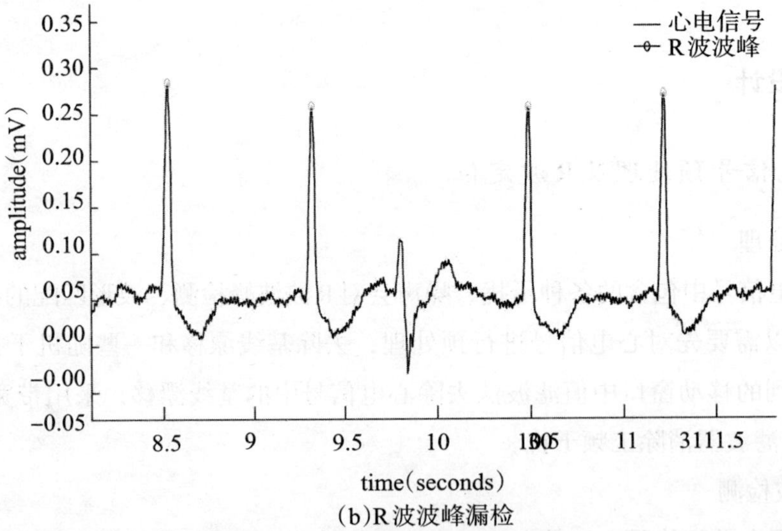

(b)R波波峰漏检

图6-1　R波漏检和误检现象

在图6-1（a）中的第三个心电周期内，由于T波位置较高，使得N. M. Arzeno等人算法错误地将T波波峰检测成R波波峰；在图6-1（b）中的第三个心电周期内，由于QRS波群的幅值较低，导致N. M. Arzeno等人算法产生R波漏检。

通常，这些错误的R波波峰点定位都出现在宽QRS波段。错误的R波波峰将影响到一些重要诊断参数计算的准确性，例如，心率、（类）代偿间期和联律间期等。因此，需要首先找到宽QRS波，在此基础上下，修订R波波峰位置，以增强传统R峰定位算法的适用性。

6.2.2　宽QRS波提取

由于QRS波形态多样，房颤波容易对QRS波宽产生干扰，一些传统QRS波检测方法容易将房颤情况下的正常形态的QRS波误检为宽QRS波，不能得到较好的效果。为了尽可能多地找到本书感兴趣的代表发病段的宽QRS波，并且同时减少将正常波形段误认为宽QRS段，提高宽QRS波检测的正确性，本书采用了轮廓限围（contouri window）方法对宽QRS波进行检测。轮廓限围方法的基本理论是以基准波形模板为中心，构造一个波形轮廓的上限和下限，形成波形检测的轮廓窗口，如图6-2所示。

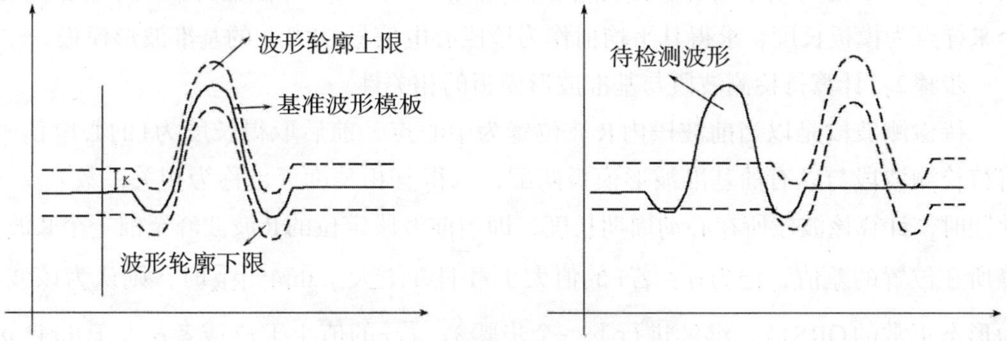

图6-2　轮廓限围的基本原理

其轮廓上、下限可以通过公式（6-1）和（6-1）计算得到

$$\text{波形轮廓上限}=\text{基准波形}+K \tag{6-1}$$

$$\text{波形轮廓上限}=\text{基准波形}-K \tag{6-2}$$

其中K为人工设定的常量。考虑到模板长度1的取值大于一般情况下QRS波长度，因此当发生房颤时，在模板前后有房颤波的存在。为进一步提高匹配的精确度，本书设定，当待检测波形未落在该轮廓区域内的部分与波形总长度的比值小于thr5时（thr5为该方法的容错率），则认为待检测波形符合正常形态QRS的要求，即可识别为正常形态的QRS波。

6.2.3　R峰位置修正

宽QRS波的存在会对R波波峰定位产生影响，容易造成R峰的误检、漏检。要达到修正R波波峰位置的目的，在先检测出心电信号中存在的宽QRS波段基础上，本本书设计了R峰位置修正算法，具体步骤如下。

步骤1：建立基准波形模板。

基准波形模板是记录了待检测心电信号中正常的QRS波形态，因此只有正常形态的QRS波才能参与基准波形模板的生成与更新。对连续n个心动周期计算其RR间期，若满足式（6-3）和式（6-4）中之一条件，则该心动周期的QRS波即可参加基准波形模板的生成。

$$\text{thr1} \leqslant \frac{\text{RR}(i+1)}{\text{RR}(i)} \leqslant \text{thr2} \tag{6-3}$$

$$\text{thr1} \leqslant \frac{\text{RR}(i+1)+\text{RR}(i)}{\text{RR}(i-1)} \leqslant \text{thr2} \tag{6-4}$$

其中，$\text{RR}(i)$ 指的是第i个心电周期的RR间期长度，即第i个R峰到第i+1个R峰之间的间隔；thr1与thr2为RR间隔模板选取阈值的下限和上限。将这n段连续心电信号以每个心电周期中的R峰位置为基准点对齐，并以R峰位置为模板中心点，取l个采样点为模板长度，求得其平均值作为该段心电信号QRS波的基准波形模板。

步骤2：计算待检测波段与基准波形模板的相关性。

待检测波段是以当前波段内R波位置为中心点，前后取得长度为l的心电信号。将待检测波段与已有的基准波形模板匹配，求得其相关度（也称为相关系数）r。与此同时，计算该波段所在心动周期长度，即当前波段定位的R波波峰至前一个R波波峰所在位置的差值，记为rr。若r的值大于r1且rr不大于thr4* $\overline{\text{RR}}$时，则认为该波段为形态正常的QRS波，继续进行下一个步骤3；若r的值小于r2或者rr大于thr4* $\overline{\text{RR}}$时，则该波段被认为是宽QRS波段，算法跳至步骤4；否则对该波段后一波段重复步骤2，直至心电信号序列结束。其中，$\overline{\text{RR}}$为整段心电信号的平均RR间期。

步骤3：基准波形模板更新。

考虑采集到的心电信号会随着测量环境及患者的行为而发生一定的改变。因此，本书方法对基准波形模板进行不断更新，每当当前波形与基准波形模板匹配的相关度r高于r1时，将当前波形按一定比例加入基准波形模板，如式（6-3）所示。

$$\text{DomWave} = \frac{\text{ObjWave}+\text{DomWave} * 3}{4} \tag{6-3}$$

其中，DomWave是指基准波形模板，ObjWave为符合上述相关度要求的当前波形。模板更新之后，待检测波段后移至下一个心电周期并重复步骤2。

步骤4：R波波峰位置修正。

针对R波波峰的漏检和误检分为两类情况。

第一类，R波波峰误检情况，即波形与基准波形模板匹配相关度r低于$r2$时，则认为该段波形为宽QRS波。提取该段宽QRS波前一个心动周期的T波末端至该宽QRS波后一心动周期的Q波起始点，对提取的心电信号进行一阶差分处理，若该段信号满足以下三个条件：

（1）存在2个或2个以上大于thr3*R波峰值幅度的波峰；

（2）存在负正双向波；

（3）原检测R波之后无波峰出现。

则将波峰中的第一个绝对值大于thr3*R的波峰点定义为新的R波波峰，同时对该段心电信号的R波波峰位置进行更新。否则R波波峰位置不做改变。待检测波段后移至下一个心动周期并重复步骤2。

第二类，漏检情况。若rr大于thr4*$\overline{RR}$时，从前一个心动周期T波末端搜索至下一个心动周期的Q波起始点。若其中存在两个以上的峰值点，则采用R波波峰定位方法寻找该段中的R波波峰位置，用于对该段心电数据R波波峰位置进行更新。待检测波段后移至下一个心动周期并重复步骤2。

6.3　实验结果

6.3.1　实验参数的选取

本书方法涉及的参数有n、1、thr1、thr2、thr3、thr4、K和thr5。下面对这些参数的选取理由进行说明。

参考RR间隔模板的建立方法，本书中的n取为3，即对连续的3个心动周期求其RR间期之间的关系是否符合加入基准波形模板的要求。

RR间隔模板选取阈值的下限thr1和上限thr2的取值：本书通过对3581跳形态正常QRS波心电信号进行分析，发现相邻心动周期的RR间期的比值分布情况如表6-1所示。

表6-1 形态正常QRS波心电信号相邻心动周期RR间期比值

$RR(i+1)/RR(i)$	0.8 ~ 1.2	大于1.2或小于0.8	
正常形态心电信号（跳）	3493	88	3581

表6-1显示，在3581跳形态正常的QRS波心电信号中，有3493跳心动周期的RR间期比值落在0.8 ~ 1.2，占样本总数的97.5%。这与$0.8\overline{RR} < RR < 1.25\overline{RR}$基本符合。因此，在本书中RR间隔模板下、上限阈值thr1和thr2分别选取80%和120%。

基准模板长度1的选取：本书综合考虑正常形态下、室性早搏与差异性传导发生时可能出现的QRS波长度以及本实验采用的心电数据采样率（360 Hz）等因素，选取1为45个采样点（即为125 ms，而在通常情况下正常形态QRS波宽度不超过110 ms）作为基准波形模板的长度。

在模板更新与宽QRS波匹配中涉及的相关度$r1$，通过实验分析后取0.95；当相关度$r2$取0.8时，可以最大限度地搜索出易出现R波波峰定位错误的宽QRS波段。在通常情况下，Q波峰值不超过同导联R波峰值的1/4，为减少在重新定位中错误将Q波定位为R波，因此将thr3取为1/4。thr4的取值与宽QRS波情况下R波的漏检有关，本书根据经验取该参数值为1.5。

轮廓限围方法检测宽QRS波中决定轮廓上、下限的K取12，容错率thr5取为10%，即对应本书选择的基准波形模板长度，待检测波形未落在该轮廓区域内的部分应不超过5个采样点。

6.3.2 实验数据

为了有效验证本文提出算法的可行性，本书采用了两类数据来对算法进行验证。室性早搏和差异性传导心律失常疾病的QRS波会增宽及变形，因此，第一类数据是从MIT-BIH数据库中收集的室性早搏及差异性传导病人的ECG数据，并加入了人工模拟房颤波（f波）的扰动；第二类数据为含有房颤伴宽QRS波症状（室性早搏）的真实心电数据，来自于MIT-BIH Arrhythmia Database心电数据库，采样率为360 Hz。其中，第一类心电数据共有4975跳（室性早搏数据4026跳，差异性传导数据949跳）；第二类心电数据共552跳。

第一类数据中加入的模拟房颤波（f波）是用Stridh等提出的模型产生的。两种房颤波Pattern A和Pattern B的具体产生过程请参见第5章5.3.2.1节。

图6-3显示了Pattern A和Pattern B房颤波的区别，图6-4为在室性早搏和差异性传导ECG信号中分别加入两种房颤波后的ECG波形。

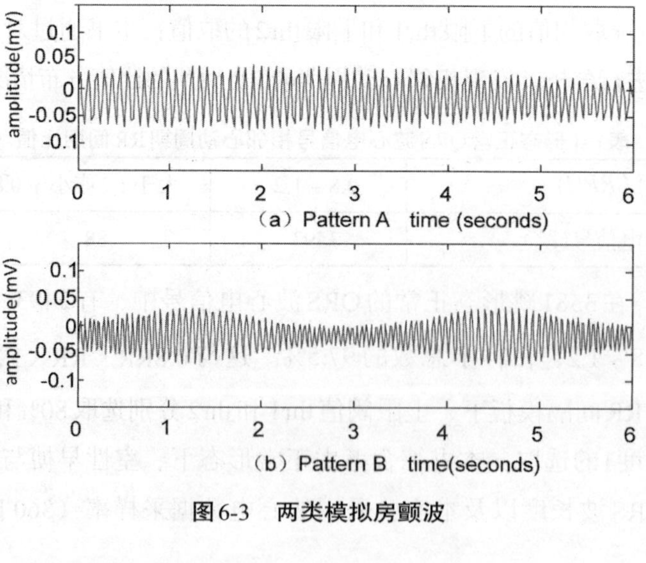

图6-3 两类模拟房颤波

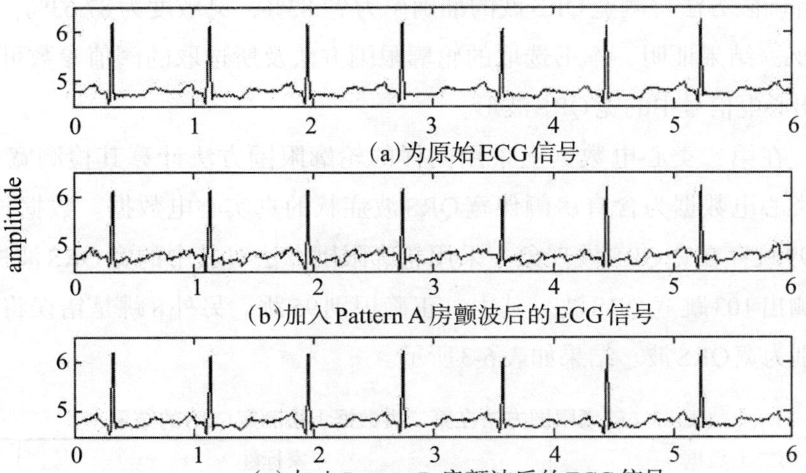

(a)为原始ECG信号

(b)加入Pattern A房颤波后的ECG信号

(c)加入Pattern B房颤波后的ECG信号

图6-4 加入房颤波后的ECG信号

6.3.3 宽QRS波检测结果

为了证明采用轮廓限围方法及设定的相关参数可以较准确地提取本书需要的宽QRS波段，本实验采用该方法从第一类4975跳加入了模拟房颤波的心电信号中提取453跳专家标注为宽QRS波形的ECG信号。实验结果如表6-2所示。

表6-2 轮廓限围方法在第一类数据上检测宽QRS波形的结果

第一类数据		专家标注		总计
		宽QRS波(+)	正常形态QRS波(–)	
实验	宽QRS波(+)	397	52	449
	正常QRS波(-)	56	4470	4526
	总计	453	4522	4975

由表6-2可知，轮廓围限方法预测出含有宽QRS波心拍周期为449跳，其中正确预测为397跳，错误将专家标注的正常QRS波预测成宽QRS波有52跳，漏检宽QRS波56跳，可知该方法的真阳性TP（正确识别专家标注的宽QRS波跳数）为397，真阴性TN（正确识别专家标注的正常QRS波跳数）为4470，假阴性FN（将专家标注的宽QRS波错误识别为正常QRS波跳数）为56，假阳性FP（将专家标注的正常QRS波错误识别为宽QRS波跳数）为52。按照如下经典的性能指标公式计算：

$$准确率 = (TP+TN)/(TP+FP+TN+FN)$$

$$灵敏度 = TP/(TP+FN)$$

$$阳性预测率 = TP/(TP+FP)$$

可得出轮廓围限方法检测宽QRS波的准确率为97.83%，灵敏度为87.63%，阳性预测值为88.42%。结果证明，本书选取的轮廓限围方法及所选取的阈值参数可以较为准确地识别出心电信号中的宽QRS波形。

随后，在第二类心电数据上采用同样的轮廓限围方法计算其检测宽QRS的性能。第二类心电数据为含有房颤伴宽QRS波症状的真实心电数据。数据长度为552跳，其中99跳存在宽QRS波现象。采用轮廓限围方法对其中的宽QRS波进行检测，该方法检测出103跳宽QRS波。其中，正确识别95跳，另外8跳是错误将正常形态QRS波识别为宽QRS波。结果如表6-3所示。

表6-3 轮廓限围方法在第二类数据上检测宽QRS的结果

第二类数据		专家标注		总计
		宽QRS波(+)	正常形态QRS波(-)	
实验	宽QRS波(+)	95	8	103
	正常QRS波(-)	4	445	449
总计		99	453	552

通过对真实的房颤伴宽QRS波的心电数据进行检测，进一步验证了本书设置的轮廓限围参数识别其中宽QRS波形的有效性。

6.3.4 R波位置修正结果

采用本书提出的R波位置修正算法对包含宽QRS波形态的心电信号进行处理，修正其中错误R波位置，如图6-5直观显示了检测结果。图6-5表明，N.M.Arzeno等人算法将R波错误地定位在T波位置上，采用本书提出的R波位置修正算法，可以得到正确R波的波峰位置。

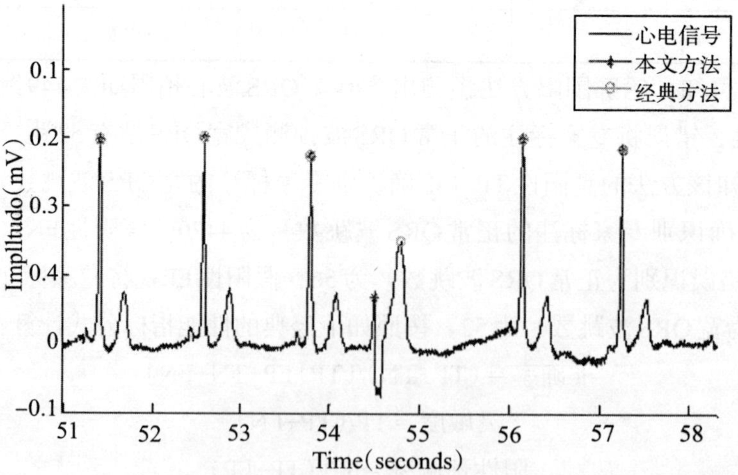

图6-5 本书方法与N.M.Arzeno等人算法的R波定位结果比较

为充分验证本书提出算法的有效性，在第一类数据上做R波位置检测，再对比本书提出的R波位置修正方法与自动阈值平方函数法（一种经典的R波检测方法）的定位结果，并采用目前公认的统计检验指标评价方法的性能，包括误检率（FDR）、准确率、灵敏度（Se）和阳性预测率（+P）。各指标的定义如下：

$$误检率 = (FP+FN)/(TP+FP+TN+FN)$$

$$准确率 = (TP+TN)/(TP+FP+TN+FN)$$

$$灵敏度 = TP/(TP+FN)$$

$$阳性预测率 = TP/(TP+FP)$$

其中，FP为假阳性，是指错误检测出的R波波峰数；FN为假阴性，是指漏检的R波波峰数；TP为真阳性，是指正确检测出的R波波峰数。TN为真阴性。由于本实验采用的ECG信号中始终存在R峰，所以TN值为0。

表6-4为本书算法与N.M.Arzeno等人算法在第一类实验数据上的R波检测结果。第一类共有4975跳，其中有453跳心动周期存在宽QRS波，4452跳为形态正常的ORS波。两种算法的错误R波定位都是出现在宽QRS波中。在453跳宽QRS波中，本书算法可以正确定位出其中436跳的R波波峰位置，而N.M.Arzeno等人算法只正确定位出其中393跳的R波波峰位置。本书算法错误定位的17跳R波峰中，漏检有12跳，误检有5跳；N.M.Arzeno等人算法错误定位的60跳R波峰中，29跳为漏检，31跳为误检。

表6-4　本书算法与N.M.Arzeno等人算法在第一类数据上的R波检测结果

	总数(跳)	误检数FP（跳）	漏检数FN（跳）	总错误数（跳）	FDR（%）	Se（%）	+P（%）
本书算法	4975	5	12	17	0.34	99.76	99.90
N.MArzeno等人	4975	31	29	60	1.21	99.41	99.37

表6-4的实验结果表明，本书提出的R波波峰修正算法的准确率达到了99.66%，灵敏度达到了99.76%，阳性预测率为99.90%；而N.M.Arzeno等人算法的准确率为98.79%，灵敏度为99.41%，阳性预测率为99.37%。本书算法在以上三项统计指标上均高于N.M.Arzeno等人算法。因此，本书方法能够在房颤波影响下的宽QRS波上减少R波波峰误检和漏检数，从而较为准确地定位出R波波峰位置。

6.4　本章小结

R波检测算法已经比较成熟，性能也很优秀。然而，当QRS波发生变形时，一些传统R波检测算法容易发生漏检和误检。本书设计了一种因QRS波形变导致R波波峰错误定位的R波位置修正算法。实验证明，在含有宽QRS波情况下，本书提出的R波位置修正算法能够改善传统R检测方法的性能。

第7章

早搏自动检测方法研究

7.1 早搏的ECG特征分析

7.1.1 室性期前收缩的生理机制和特点

室性期前收缩（premature ventricular contraction，PVC，也称为室性早搏）是临床最常见的一种心律失常，在无器质性心脏病人群中也多有发生。它是指房室束分叉以下部位的心肌提早激动，在心电图上出现宽大且畸形的QRS波。

根据发生机制分类，室性期前收缩可以分为三类：自律性室性期前收缩、折返性室性期前收缩和触发室性期前收缩。自律性期前收缩是由异位起搏点自律性增高所致。这种机制解释了联律间期不相等的室性期前收缩，其认为在心肌的局部存在一个自律性增加的异位起搏点，在一些因素的诱发下，产生激动致心室提早搏动。折返性期前收缩是激动在心室内折返所致。这种机制用于解释联律间期固定的室性期前收缩，近年来，该学说已经得到证实。室上性激动在传导过程中因不能通过某一单向阻滞区，而折返到相邻部位心肌继续传导，绕道到阻滞区后方并缓慢传导再度到达阻滞区前方，致心室提早搏动，可分为微折返和大折返。触发期前收缩是由触发活动引起的。这种机制不能自发，必须由前一动作电位触发。约半数的洋地黄过量或急性心肌梗死引起的室性期前收缩都是由触发活动所致。

室性期前收缩有以下常见的5种表现形式：①在同一导联上，QRS波形态一致，与前面窦性QRS波的联律间期一致；②在同一导联上，QRS波出现等于或大于两种形态，但联律间期是固定不变的；③在同一导联中，QRS波出现等于或大于两种形态，但联律间期是变化的；④同一导联中，两个室性期前收缩连续出现；⑤在两个窦性QRS波之间发生一次额外的室性期前收缩，并没有代偿间歇。这5种表现形式在心电学中有对应的专有术语，分别是单源性室性期前收缩、多形性室性期前收缩、多源性室性期前收缩、成对室性期前收缩和间位性室性期前收缩。

室性期前收缩的心电图表现和诊断要点如下。

（1）宽大且畸形的QRS波在一个心动周期中提前出现，其时限等于或大于0.12 s。

（2）往往伴有继发性ST-T改变，即T波与QRS主波的方向相反。

（3）多伴有完全性代偿间期，即期前收缩之前的RR间期与期前收缩之后的RR间期之和等于正常的RR间期的两倍。

（4）激动前向传导，QRS波前后无P波。

（5）激动逆向传导，产生逆行P波。

显然，室性期前收缩大多数的发生都是有害的，需要药物控制或者射频消融术。当出现心悸、胸壁有撞击感、感觉心脏跳到喉咙等症状，严重时，会出现头晕、乏力、胸闷等症状，这可能因室性期前收缩所致，要及时就诊。

Lown认为，室性期前收缩分级越高，猝死的风险系数就越大，不同分级的室性期前收缩应该有不同的治疗方式。经过研究者们的不断改进，室性期前收缩的分级如表7-1所示。

表7-1　室性期前收缩的Lown分级法

分级	心电图特征
0	无室性期前收缩
Ⅰ	偶然单个室性期前收缩：室性期前收缩<2次/分或<30次/小时
Ⅱ	频发单个室性期前收缩：室性期前收缩≥2次/分或≥30次/小时
Ⅲ	多形性期前收缩
Ⅳa	成对室性期前收缩
Ⅳb	≥3次连续发生的室性期前收缩
Ⅴ	R on T现象的室性期前收缩（R-T/Q-T<1.0）

7.1.2　房性期前收缩的生理机制和特点

房性期前收缩（premature atrial contraction，PAC或APC，也称为房性早搏）是指起源于心房内（包括左心房、右心房、房间隔等）的期前收缩。它是一种非常常见的心律失常疾病，房性期前收缩在正常人中的发生率为50%～70%，在冠心病等患者中发生率为70%～80%，在风心病或心房内传导阻滞的患者中发生率高达90%～100%。

房性期前收缩的发生机制有3种：房性自律性增高、房内折返激动和触发活动。房性自律性增高是指心房内的起搏点的自律性突然增加，在窦房结引起的激动未到达之前，提早控制心房，形成的期前收缩。在具备折返环路以及其上有单向阻滞、慢传导区等条件，当激动进入空隙区，沿着环路折返时，可产生房内折返房性期前收缩。触发活动引起的房性期前收缩是由于早期后除极引起。

房性期前收缩在心电图上会出现一个异于窦性P波的P`波，在之后的QRS波可以表现出3种形式：①房性P波后没有QRS波跟随；②房性P波后跟随一个正常的QRS波；③房性P波后跟随一个宽大畸形的QRS波。第一种和第三种表现形式在心电学中的专有术语分别是房性期前收缩未下传和房性期前收缩伴差异性传导。

房性期前收缩的心电图表现和诊断要点如下。

（1）提早发生的房性P`波。该P`波在形态、振幅以及方向等方面都与窦性P波有所不同。P`波可与前一个窦性T波重叠在一起，使其振幅降低或增高，形态出现顿挫、切迹等。

（2）P`R间期等于或大于0.12 s。

（3）大多伴有不完全性代偿间歇，即期前收缩之前的RR间期与之后的RR间期之和常小于正常的RR间期的两倍。

（4）可以形成二联律、三联律等。二联律心律是指每一个正常心拍后出现一个期前收缩，以两个心拍为一组，每一个正常心拍后出现一个期前收缩，连续出现三组及以上。三联律心律是指以3个心拍为一组，每2个正常心拍后出现一个期前收缩，连续出现三组及以上。

7.2 早搏检测算法设计与实现

7.2.1 基于模板匹配的早搏判断算法

7.2.1.1 方法框架

本书提出的判断室性期前收缩（室性早搏）和房性期前收缩（房性早搏）的方法框架如图7-1所示。

该方法首先对1分钟的心电信号进行预处理，检测R波，建立基准模板，然后判断该分钟内的心拍是否有期前收缩，随后进行模板匹配、P波检测以及PR间期的计算，最后判断室性早搏和房性早搏。

7.2.1.2 R峰检测

本书采用Arzeno等提出的算法检测R峰。该算法结合一阶导数、平方函数和希尔伯特变换，有着优异的灵敏度和阳性预测率。算法首先用带宽为8 ~ 20 Hz的Kaiser窗滤波器去除基线漂移和高频噪声，然后做一阶差分，对得到的新序列设定一个随相邻RR间期的长度调整的自适应阈值，最后在新序列中找到超过自适应阈值的元素，确定为R波的位置。

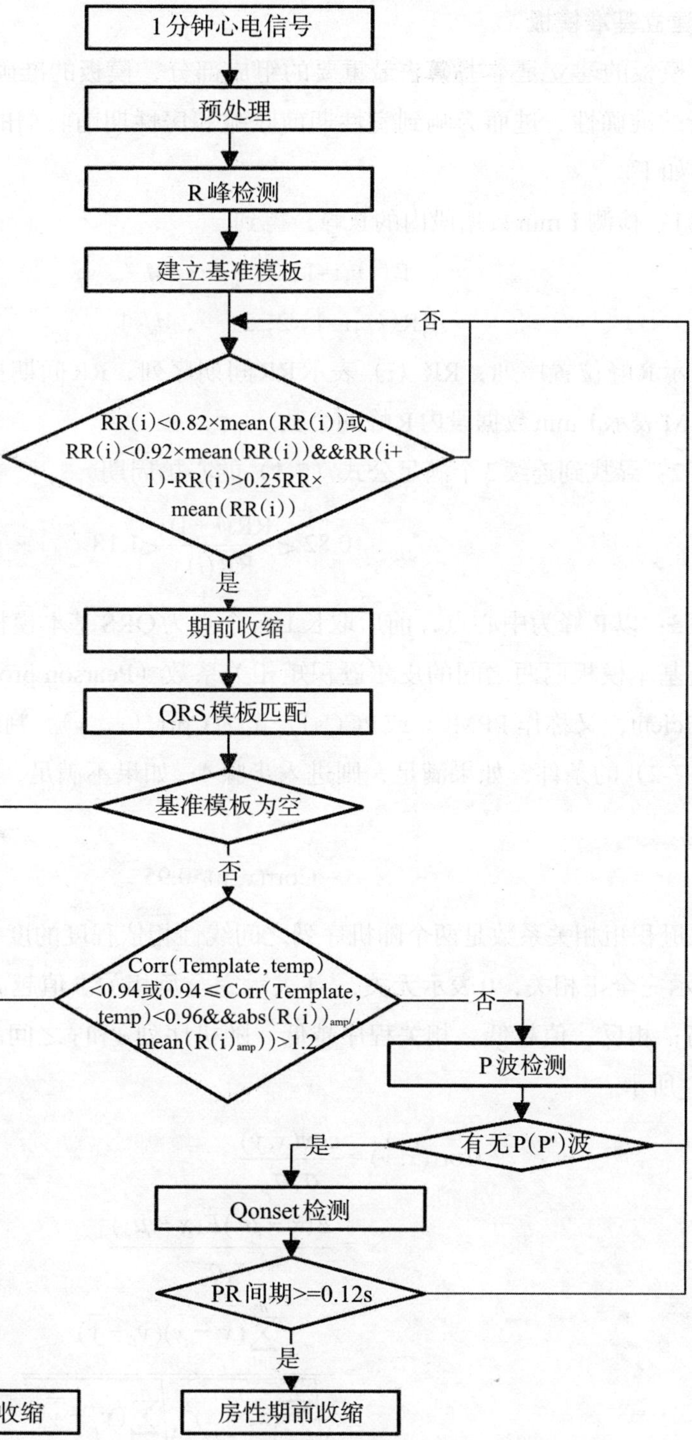

图7-1　早搏判断方法框架

7.2.1.3 建立基准模板

基准模板的建立是本书算法最重要的组成部分，模板的准确性影响到QRS波群形态判断的准确性，进而影响到室性期前收缩和房性期前收缩的判断精度。具体建立的步骤如下。

步骤1：检测1 min数据段内的R峰，得到

$$R(i), i=1, 2, 3, \cdots, M$$

$$RR(i), i=1, 2, 3, \cdots, M-1$$

R（i）表示R峰位置序列，RR（i）表示RR间期序列，RR间期指的是两个R峰之间的间隔，M表示1 min数据段内R峰的个数。

步骤2：寻找到连续3个满足公式（7-1）的心拍周期

$$0.82 < \frac{RR(i+1)}{RR(i)} < 1.18 \tag{7-1}$$

步骤3：以R峰为中心点，前后取长Len个点为QRS基本模板长度，计算待检测数据段与基本模板两两之间的皮尔逊积矩相关系数（Pearson product-moment correlation coefficient，又称作PPMCC或PCCs），记为Corr（x，y）。判断Corr（x，y）是否满足式（7-2）的条件，如果满足，则进入步骤4；如果不满足，则回到步骤2，直到结束。

$$Corr(x, y) > 0.95 \tag{7-2}$$

皮尔逊积矩相关系数是两个随机序列之间线性相依程度的度量，其值在−1到1之间。1表示完全正相关，0表示无关，−1表示完全负相关。值越高，表示两者的相关程序越高；相反，值越低，相关程序越低。随机序列x和y之间的Corr(x,y)计算如式（7-3）所示。

$$\begin{aligned} Corr(x, y) &= \frac{cov(x, y)}{\sigma_x \sigma_y} \\ &= \frac{E(x-\mu_x)E(x-\mu_y)}{\sigma_x \sigma_y} \\ &= \frac{\sum_{j=1}^{n}(x_i-\bar{x})(y_i-\bar{y})}{\sqrt{\sum_{j=1}^{n}(x_j-\bar{x})^2}\sqrt{\sum_{j=1}^{n}(y_j-\bar{y})^2}} \end{aligned} \tag{7-3}$$

步骤4：对于满足条件的QRS波段，取三段QRS波段对应点幅值的均值作为该分钟数据段的基准模板Template，计算公式如式（7-4）所示。

$$\text{Template}(i)=\sum_{j=1}^{3}S(j)\Big/3, i=1,2,\cdots,2\times\text{Len}+1 \tag{7-4}$$

其中，S表示QRS波段的幅值，i表示QRS波段的数据点，j表示已经找到的3个QRS波段。

步骤5：更新基准模板。

心电波形会随着患者的行为以及测量环境的变化而产生一定的改变，所以需要不断更新基准模板。当基准模板Template与当前波形S'的相关系数大于或等于0.98时，便把此波形按照公式（7-5）融入进基准模板。

$$\text{Template}(i)=S(j)\times 0.7+S'(j)\times 0.3, i=1,2,\cdots,2\times\text{Len}+1 \tag{7-5}$$

重复步骤5，直到1 min内心电序列结束为止。

7.2.1.4 计算PR间期

PR间期是P波末端到QRS起始端的时限。P波的检测采用本书提出的基于形态的变长翼形函数阈值检测算法。该算法理论和步骤请参考本书第4章。QRS波起点的定位采用N.M.Arzeno等人中的方法。

本书对P波起点的定位方法分为两类：单向波的起点定位和双向波的起点定位。下面介绍P波起点定位的方法。

步骤1：定位P波波峰位置，截取待检测P波起点数据段$S'(n)$。

因为P波时限大都不大于0.11 s，所以本书将数据段$S'(n)$选取为P峰位置点前向0.1 s到P峰这一区间，即[P(i)−0.1 fs : P(i)]，其中$P(i)$表示第i个P峰的位置。

步骤2：取该数据段的镜像。

镜像是指待检测数据段前后位置的数据对调，在Matlab软件中，可以直接用内置函数“fliplr”计算。设$S'(n)$的镜像为$S(n)$，其数学表达式见公式（7-6）。

$$\text{S}(1)=S'(n), \text{S}(2)=S'(\text{n-1}), \cdots, S(n)=S'(1) \tag{7-6}$$

步骤3：取滑动窗长SW为6个采样点。第n点的幅值是用$S(n)$在窗内的绝对值的最大幅值减去绝对值的最小幅值的大小，如公式（7-7）所示。

$$AS(n)=\max(|S(n)\text{SW}|)-\min(|S(n)\text{SW}|), n=1,2\cdots \tag{7-7}$$

步骤4：计算P波的起始点。

P峰位置减去满足下列两个条件之一时的位置，便是P波的起点。

$$AS(n)\times AS(n+1)\leqslant 0 \tag{7-8}$$

$$AS(n)<0.11\times\max(AS(n)) \tag{7-9}$$

其中，max（$AS(n)$）表示$S(n)$的幅值的最大值。

双向波起点的定位方法与上述步骤相同，只是截取待检测P波起点数据段有所不同而已，选取的是第一个翼形函数最低点值对应的P峰位置至前向0.1 s的数据点。

7.2.1.5 建立早搏判断条件

当满足以下两个条件之一时，本书把该心拍判断为期前收缩：

$$\mathrm{RR}(i) < 0.82 \times \mathrm{mean}(\mathrm{RR}(i))$$

$$\mathrm{RR}(i) < 0.92 \times \mathrm{mean}(\mathrm{RR}(i))\ \&\&\ \mathrm{RR}(i+1) - \mathrm{RR}(i) > 0.25 \times \mathrm{mean}(\mathrm{RR}(i))$$

其中，RR(i) 表示第i个RR间期间隔，RR(i+1) 表示第i+1个RR间期间隔，mean(RR(i)) 表示RR间期序列的均值，&&表示并的关系。

根据以下两个条件之一来区分室性期前收缩和房性期前收缩：

$$\mathrm{Corr}(\mathrm{Template}, \mathrm{temp}) < 0.94$$

$$0.94 \leqslant \mathrm{Corr}(\mathrm{Template}, \mathrm{temp}) < 0.96\ \&\&\ \mathrm{abs}(\mathrm{R}(i)_{\mathrm{amp}} / \mathrm{mean}(\mathrm{R}(i)_{\mathrm{amp}})) > 1.2$$

其中，Template表示基准模板，temp是待检测QRS波段，$\mathrm{R}(i)_{\mathrm{amp}}$表示第$i$个R波的幅值，$\mathrm{mean}(\mathrm{R}(i)_{\mathrm{amp}})$表示R波序列幅值的平均值，abs是绝对值符号。

7.2.2 基于CONCOR聚类的室性早搏识别算法

7.2.2.1 CONCOR聚类

本书首次应用了CONCOR聚类方法来识别室性早搏心拍。

CONCOR进行聚类时首先将n段信号看成q维空间上的n个点，构成$n \times q$的矩阵D：

$$\mathrm{D} = \begin{bmatrix} d_{11} & d_{12} & \dots & d_{1q} \\ d_{21} & d_{22} & \dots & d_{2q} \\ \dots & \dots & \dots & \dots \\ d_{n1} & d_{n2} & \dots & d_{nq} \end{bmatrix} \tag{7-10}$$

其中，$d_{ij} (i = 1,2,\cdots,n \quad j = 1,2,\cdots,q)$ 表示第i个信号的第j个采样点。

聚类采用了皮尔逊相关系数来衡量相似度，这样做克服了一般聚类对心电信号的心拍段存在R峰没对齐或者受噪声污染影响大的情况。在矩阵D中通过列与列之间两两求相关系数得到新的相关系数矩阵$R^{(1)}$，$R^{(1)}$中每个元素$(r_{ij}{}^{(1)})_{p \times p}$为

$$r_{ij}{}^{(1)} = \frac{\mathrm{cov}(d_{i\cdot}, d_{j\cdot})}{\sigma_{i\cdot}\sigma_{j\cdot}} = \frac{\sum_k (d_{ik} - \overline{d_{i\cdot}})(d_{jk} - \overline{d_{j\cdot}})}{\sqrt{\sum_k (d_{ik} - \overline{d_{i\cdot}})^2}\sqrt{\sum_k (d_{jk} - \overline{d_{j\cdot}})^2}} \tag{7-11}$$

其中$\overline{d_{i\cdot}}$是第i行的平均值。记这种变换形式为Cor，用于对R作迭代变换：

$$R^{(t+1)} = Cor(R^{(t)}) \tag{7-12}$$

C.H.Chen已经证明矩阵R的迭代最终会收敛到+1和–1元素，根据行向量+1和–1的组成方式，可以将其归为两类：

$$\begin{bmatrix} 1 & 2 & 3 & 4 & 7 & 6 \\ 2 & 4 & 3 & 2 & 1 & 4 \\ 3 & 3 & 6 & 2 & 1 & 8 \\ 5 & 2 & 2 & 9 & 3 & 2 \\ 7 & 1 & 1 & 3 & 1 & 4 \end{bmatrix} \rightarrow \begin{bmatrix} 1 & -1 & -1 & 1 & 1 \\ -1 & 1 & 1 & -1 & -1 \\ -1 & 1 & 1 & -1 & -1 \\ 1 & -1 & -1 & 1 & 1 \\ 1 & -1 & -1 & 1 & 1 \end{bmatrix} \tag{7-13}$$

上面给出的例子中，第1、4、5行的+1和–1组成方式相同，被归为一类，剩下两行的组成方式相同，被归为一类。在实际应用中，为了加快运算速度，将收敛终止条件改变为$n - \|D\|_1 < 0.01$，其中$\|D\|_1$为矩阵的1-范数。

CONCOR方法的实质是利用相关系数矩阵不断增强数据段间相关性的属性达到最终聚类的目的。这种方法由于对数据预处理要求不高且对没有对齐R峰的数据具有一定的健壮性，非常适合在短时间内检测室性早搏。这里只初步阐明了该方法识别室性早搏的原理，沈娟华等对该方法进行了详细的说明。

7.2.2.2　方法框架

以20 s ECG数据段作为一个检测单元，在经过CONCOR聚类之后，再根据各个分类的QRS波宽度以及RR间期特性做出室性早搏的识别，算法流程如图7-2所示。

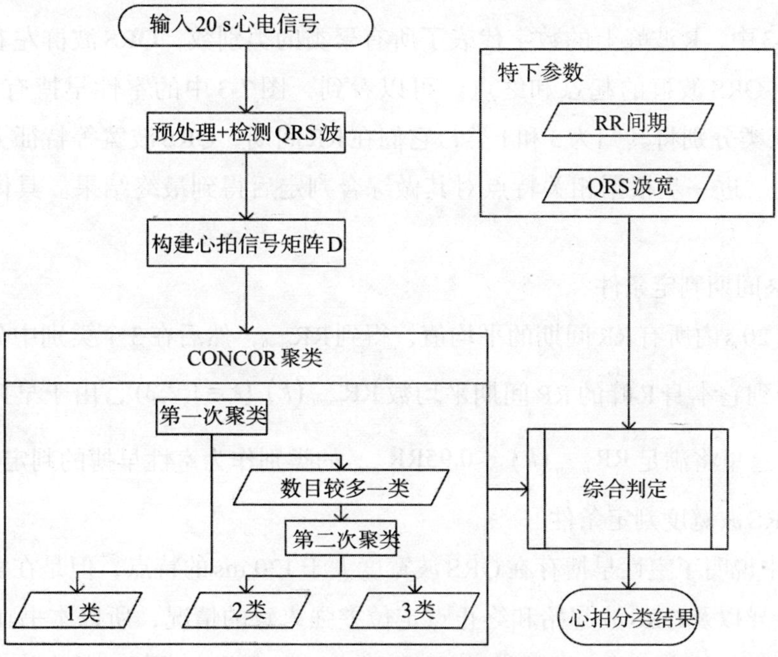

图7-2　室性早搏识别算法流程

在图7-2中，构建心拍信号矩阵D时用QRS波信号代表矩阵D［式(7-10)］中的心拍信号 $d_{i\cdot}$，由于QRS波宽度范围变化可能很大，故本书在20 s的信号中选用心拍中最长的QRS波宽作为基准长度，然后将其余R波对齐向前向后取同样长度建立矩阵。在使用CONCOR聚类时考虑到室性早搏存在两种或以上形态的情况（如多源多形性室性早搏），故使用了两次聚类。第一次用已经构建好的矩阵D，得到聚类结果后用类别数目较多的QRS波构建矩阵 D_2，再对其进行一次CONCOR聚类，那么就得到一个三分类的结果，类别序号为 $k(k=1,2,3)$，三种类别中可能存在至多2类是室性早搏心拍。聚类效果如图7-3所示。

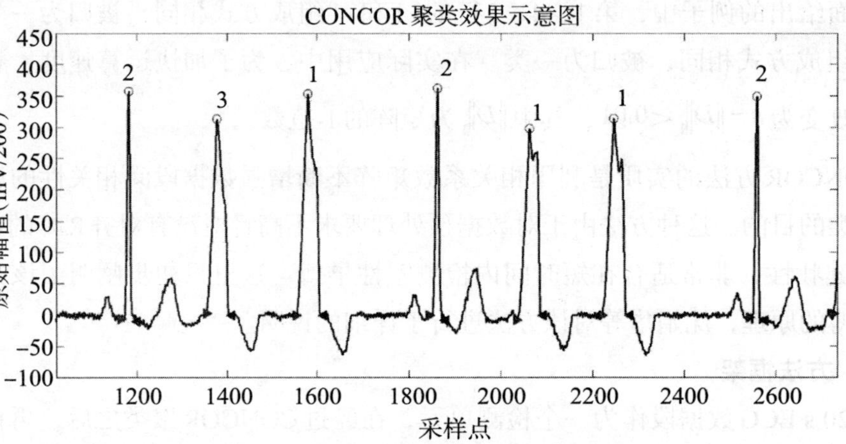

图7-3　CONCOR聚类效果示意图

在图7-3中，R波峰上的数字代表了所有聚类的类别数，QRS波群左右的小三角形分别表示QRS波群的起点和终点。可以看到，图7-3中的室性早搏有两种形态，CONCOR聚类分别将其归为3和1类，它们在RR间期、QRS波宽等特征上与正常心拍存在差别。进一步根据相关特点对其做综合判定后得到最终结果。具体的判定条件如下。

（1）RR间期判定条件

首先求20 s内所有RR间期的平均值，得到 RR_{mean}，然后在3个类别中分别求得其前一个R峰到它本身R峰的RR间期平均数 $RR_{mean}(k)$ $(k=1,2,3)$，由于早搏有提早发生的性质，这里将满足 $RR_{mean}(k)<0.95RR_{mean}$ 的类别作为室性早搏的判定类别。

（2）QRS波宽度判定条件

表7-1中说明了室性早搏存在QRS波宽度大于120 ms的特点，但是在实际应用中存在个体差异以及QRS波起始和终止点定位差强人意的情况，所以本书在QRS波宽度上通过两个条件来反映室性早搏的特点。与RR间期判定类似，首先将三个类别的

QRS波宽度分别求其平均数$QRS_{mean}(k)$ $(k=1,2,3)$，然后再看其是否满足：

①$QRS_{mean}(k)>105$ ms，这相当于一个必要性条件；

②$QRS_{mean}(k)-\min(QRS_{mean})>5$ ms。

其中，min（QRS_{mean}）为取所有类别中平均数最小的QRS宽度的函数，目的是取当前类别的QRS平均宽度明显大于其他类别宽度的QRS间期。当类别k满足以上两个条件时，将其判定为室性早搏心拍。

7.3 实验验证

7.3.1 临床数据

本书采用MIT心律失常数据库作为实验数据来验证本书方法。根据专家标注，其中113号、115号、122号和212号病患没有期前收缩发生，其余44个病患有期前收缩发生。

7.3.2 模板匹配法的验证结果

传统性能评估指标是针对单一疾病和对照样本设计的，而本书算法同时判断室性期前收缩和房性期前收缩（为方便起见，下面用字母V表示室性期前收缩，用字母A表示房性期前收缩）。于是，本书提出三个指标来衡量算法的性能。

漏检率：该心拍是期前收缩没有被检测为期前收缩的比率，如公式（7-14）所示。

$$\text{Undetected Rate}=\frac{\text{Undetected Num}}{\text{Expert Num}} \tag{7-14}$$

其中，Undetected Rate 表示漏检率，Undetected Num表示没有检测到期前收缩的总数，Expert Num表示专家标注的期前收缩的总数。

误检率：该心拍不是期前收缩错误检测为期前收缩的比率，如公式（7-15）所示。

$$\text{Errordetected Rate}=\frac{\text{Errordetected Num}}{\text{Total Num}} \tag{7-15}$$

其中，Errordetected Rate表示误检率，Errordetected Num表示错误检测到的期前收缩的总数，Total Num表示检测的总心拍数。

错判率：该心拍的判断类型与专家标注不同的比率，有三种：V错误判断成A、A错误判断成V、A和V错误判断成其他类型期前收缩，如公式（7-16）所示。

$$\text{Erroneous Judgment Rate}=\frac{\text{Erroneous Judgment Num}}{\text{Expert Num}} \tag{7-16}$$

其中，Erroneous Judgment Rate 表示错误率，Erroneous Judgment Num 表示错误判断的总数。

本书算法的检测效果如图7-4所示例。对于该例病患，专家标注为房性期前收缩A，本书算法识别也识别为A，两者结果一致。

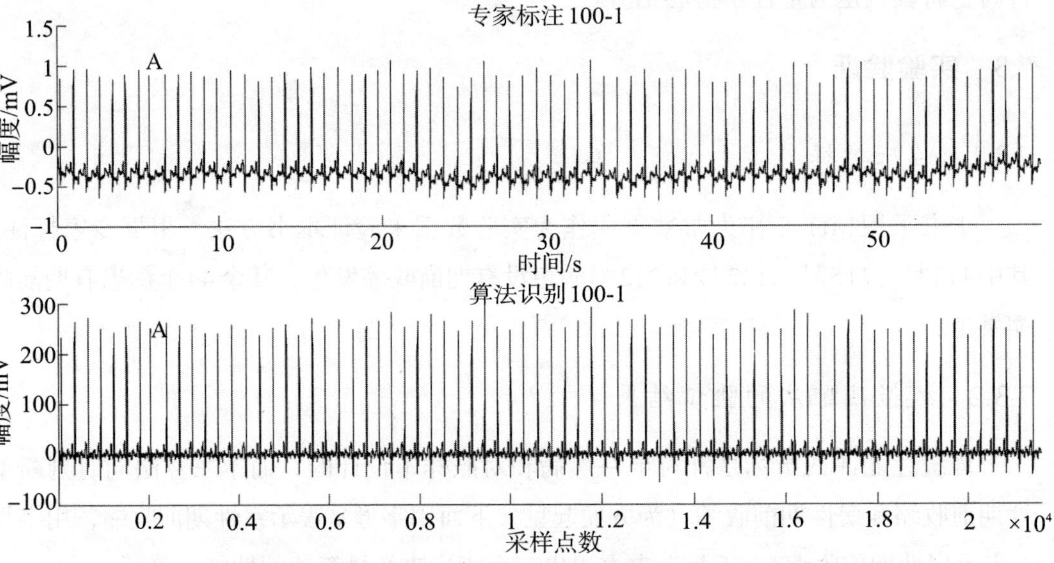

图7-4　专家标注（上图）和本书算法识别（下图）的房性期前收缩心拍

（100-1表示数据来自于第100号病患者的第1分钟ECG数据）

模板匹配法在MIT-BIH心律失常数据库数据上的检测结果如表7-2所示。

表7-2　模板匹配法的检测结果

病患号	专家标注	总心拍	漏检	误检	错判	漏检率（%）	误检率（%）	错判率（%）
100	1V 33A	2273	0	0	2	0.00	0.00	5.88
101	3A	1865	1	1	0	33.33	0.05	0.00
102	4V	2187	0	0	0	0.00	0.00	0.00
103	2A	2084	0	7	1	0.00	0.34	50.00
104	2V	2229	1	3	0	50.00	0.13	0.00
105	41V	2572	0	12	0	0.00	0.47	0.00
106	520V	2027	10	8	1	1.92	0.39	0.19
108	17V 4A	1763	2	15	4	9.52	0.85	19.05

续表

病患号	专家标注	总心拍	漏检	误检	错判	漏检率（%）	误检率（%）	错判率（%）
109	38V	2532	7	0	0	18.42	0.00	0.00
111	1V	2124	0	0	0	0.00	0.00	0.00
112	2A	2539	0	0	1	0.00	0.00	50.00
114	43V 10A	1879	8	5	7	15.09	0.27	13.21
116	109V 1A	2412	3	2	1	2.73	0.08	0.91
117	1A	1535	0	1	0	0.00	0.07	0.00
118	16V 96A	2278	10	0	3	8.93	0.00	2.68
119	444V	1987	1	3	0	0.23	0.15	0.00
121	1V 1A	1863	0	0	0	0.00	0.00	0.00
200	826V 30A	2601	57	4	23	6.66	0.15	2.69
205	71V 3A	2656	3	1	2	4.05	0.04	2.70
209	1V 383A	3005	50	0	16	13.02	0.00	4.17
214	256V	2262	17	3	10	6.64	0.13	3.91
215	164V 3A	3363	31	1	1	18.56	0.03	0.60
220	94A	2048	11	1	17	11.70	0.05	18.09
223	473V 72A	2605	125	1	26	22.94	0.04	4.77
228	362V 3A	2053	6	24	4	1.64	1.17	1.10
230	1V	2256	0	5	0	0.00	0.22	0.00
231	2V 1A	52	1	0	0	33.33	0.00	0.00
232	1382A	1780	18	3	140	1.30	0.17	10.13
233	831V 7A	3079	59	0	1	7.04	0.00	0.12
总计	6355	63909	421	100	260	6.62	0.16	4.09

注：1V表示该病患有1个专家标注的室性期前收缩心拍，3A表示该病患有3个专家标注的房性期前收缩心拍，以此类推。231号病患由于期前收缩都发生在1分钟内且发生Ⅱ度房室阻滞，所以单独测试该1分钟心电数据。

通过计算得知，对来自MIT-BIH心律失常数据库共计29个病患，4224心拍的室性期前收缩，2131心拍的房性期前收缩，共计6355心拍的期前收缩，准确检出率达到93.32%，准确判断室性期前收缩和房性期前收缩的比率达95.91%，对共计63 909

心拍心电信号，错误检出率只有0.16%。因此，本书算法检出和判断两种期前收缩的性能都比较优异。

7.3.3 CONCOR法的验证结果

因为CONCOR法只应用于室性期前收缩的识别（单一疾病样本），因此可以采用传统指标来评估该方法的性能，如下：

$$敏感度（Se）=\frac{TP}{(TP+FN)}$$
$$特异度（Sp）=\frac{TN}{(TP+FP)} \tag{7-17}$$
$$阳性预测率（+P）=\frac{TP}{(TP+FP)}$$

其中，TP、FN、FP和TN的意义同前。这里，阳性样本是室性期前收缩（早搏），阴性样本是其他类型的疾病（如室上性早搏）或正常样本。在测试中本书忽略了一些疾病心拍（如心室融合F等），只针对室性早搏心拍（V）与正常窦性心拍（N）和室上性早搏心拍（S）进行鉴别。标准的数据库注释形式是用字母的大写形式来代表专家所判断的类型，为了区分，本书识别的结果用对应的小写字母来表示。如Nv表示数据库标注的是正常心拍N，而算法识别的结果是V，它属于误判。由于室上性早搏被归为阴性样本，故Vn/s代表了数据库标注的是室性早搏V，而算法识别的结果是N或S，这种情况属于漏检。CONCOR法的检测结果如表7-3所示。

表7-3 CONCOR法检测室性早搏的结果

编号	N	S	V	误判		正确判断	漏检	敏感度	阳性预测率
				Nv	Sv	Vv	Vn/s	%	%
100	2230	33	0	0	0	0	0	NaN	NaN
101	1853	3	0	0	0	0	0	NaN	NaN
102	98	0	3	0	0	3	0	100.00	100.00
103	2075	2	0	0	0	0	0	NaN	NaN
104	163	0	2	1	0	0	2	0.00	0.00
105	2502	0	41	25	0	6	35	14.63	19.35
106	1502	0	511	1	0	450	61	88.06	99.78
107	0	0	53	0	0	37	16	69.81	100.00
108	1710	4	16	73	3	11	5	68.75	12.64

续表

编号	N	S	V	误判		正确判断	漏检	敏感度	阳性预测率
				Nv	Sv	Vv	Vn/s	%	%
109	0	0	32	0	0	20	12	62.50	100.00
111	0	0	1	0	0	0	1	0.00	NaN
112	2523	2	0	0	0	0	0	NaN	NaN
113	1781	6	0	0	0	0	0	NaN	NaN
114	1812	12	43	27	0	26	17	60.47	49.06
115	1944	0	0	0	0	0	0	NaN	NaN
116	2270	1	108	0	0	106	2	98.15	100.00
117	1529	1	0	0	0	0	0	NaN	NaN
118	0	94	16	0	8	4	12	25.00	33.33
119	1535	0	443	0	0	442	1	99.77	100.00
121	1849	1	1	15	0	1	0	100.00	6.25
122	2462	0	0	0	0	0	0	NaN	NaN
123	1510	0	1	0	0	1	0	100.00	100.00
124	0	31	45	0	0	22	23	48.89	100.00
200	1732	30	821	2	0	708	113	86.24	99.72
201	1619	119	198	1	77	182	16	91.92	70.00
202	2049	51	17	0	14	12	5	70.59	46.15
203	2471	2	374	77	2	262	112	70.05	76.83
205	2553	3	54	0	0	20	34	37.04	100.00
207	0	92	97	0	0	71	26	73.20	100.00
208	1571	2	968	5	0	917	51	94.73	99.46
209	2612	383	1	0	1	0	1	0.00	0.00
210	2409	16	157	0	0	116	41	73.89	100.00
212	915	0	0	0	0	0	0	NaN	NaN
213	2630	27	211	0	0	59	152	27.96	100.00
214	0	0	248	0	0	200	48	80.65	100.00
215	3176	3	160	15	0	106	54	66.25	87.60
217	244	0	161	13	0	134	27	83.23	91.16
219	2074	7	63	1	0	56	7	88.89	98.25
220	1945	93	0	0	0	0	0	NaN	NaN

续表

编号	N	S	V	误判		正确判断	漏检	敏感度	阳性预测率
				Nv	Sv	Vv	Vn/s	%	%
221	2020	0	386	0	0	381	5	98.70	100.00
222	2052	208	0	59	7	0	0	NaN	0.00
223	2015	73	431	0	1	335	96	77.73	99.70
228	1680	3	359	8	0	354	5	98.61	97.79
230	2246	0	1	0	0	0	1	0.00	NaN
231	313	1	2	0	0	2	0	100.00	100.00
232	0	1379	0	0	8	0	0	NaN	0.00
233	2216	7	814	0	0	809	5	99.39	100.00
234	2686	50	2	0	0	2	0	100.00	100.00
总计	74 576	2739	6841	323	121	5855	986	85.59	92.95

注1:本书中,心拍数按算法所检测到的R波数目来记。由于检测单元为20 s,存在R波截断的情况,可能导致R波的遗漏,故这里得到的心拍数与其他文章所得的心拍数略微有出入。
注2:由于部分数据不存在早搏,表中NaN表示在这些数据上无法计算这个指标。

表7-3的结果表明,对于MIT-BIH心律失常数据库全部48组数据共计84 156个心拍中的6841个室性早搏心拍,本书方法的检测敏感度达到了85.59%,阳性预测率更是达到了92.95%。在74 576个正常心拍中,只有323个被误判为室性早搏心拍,在2739个室上性心拍中只有121个被误判为室性早搏心拍。这说明了本书算法对不同的心拍拥有良好的鉴别效果。

7.4 本章小结

本书提出的模板匹配法是基于形态学的方式鉴别QRS波形是否宽大畸形,避免了QRS时限的测量。由于个体ECG的差异以及环境因素的影响,并非所有的房性期前收缩都表现出正常或接近正常的QRS波形。当这些心拍连续发生,且只有偶尔心拍提早发生(即RR间期缩短)时,传统的时限测量方法很容易错误地判断为室性期前收缩。本书通过建立基准模板和模板匹配的方式,能够避免上述错误,正确判断为房性期前收缩。在MIT-BIH心律失常数据库上的验证结果显示,该算法有着优秀的同时判断室性和房性期前收缩的性能,准确检出是否是期前收缩的性能也比较好。

本书建议的CONCOR法主要应用于室性期前收缩,具有检测时长小的特点,在MIT-BIH心律失常数据库上取得不逊色于模板匹配法的效果。这说明用相关系数来表示心拍间相似程度并通过相关系数矩阵进行聚类的策略十分契合心电信号本身的特点。

第8章

房颤自动检测方法研究

8.1 房颤的ECG特征分析

房颤有很多种类型，最常见的分类是阵发性、持续性和永久性房颤三类，根据患者心拍是否能够通过自身恢复自律性来区分不同类别。房颤发生以后小于7天的称为阵发性房颤；大于7天但是通过治疗能恢复正常的窦性心律叫持续性房颤；通过治疗也不能够恢复正常的窦性心率的称为永久性房颤。心血管疾病、药物以及外科手术等都有可能成为诱发房颤的原因。

关于房颤的发病与维持的电生理机制有以下几种解释。

（1）心房及肺静脉内的异常兴奋灶。王晞等发现人的心大静脉肌袖内存在异常自律性细胞，在一些情况下可快速地自发产生电兴奋，传入心房导致房颤的发生。有研究证明心房颤动前夕往往有心动过速或者是室性期前收缩的出现。这种现象意味着节间束或房间束内兴奋灶自律性增加，当自律性增加到一定强度时导致了房颤的发生。

（2）多子波假说。心房中有最少3～5个折返形成的子波随机运行分布，这一类子波互相聚合、裂散、碰撞、消逝引起其数目和其形成的折返环速率、尺寸变化导致了持续性的房颤。

（3）其他。房肌的不应期缩短、摆动电位和心脏舒张期的电位差发生变异也可能是心房颤动发生的原因。

ECG是确诊房颤的重要诊断依据。心房颤动在心电信号中的表现可分为心房表现与心室表现。

心房表现一般指的是ECG中P波消失取而代之以幅度、形态都不均匀的房颤波（又称f波）出现。f波幅度范围为0.05～0.5 mV，频率为350～600 bpm。因为其过于纤细和变异性较大，所以容易同其他干扰噪声相混淆难以辨认，故一般不将P波消失作为房颤最显著的特征。在这里要特别注意的是需要将它与在某些导联中显著的U波加以鉴别。

心室表现一般是指在ECG中R波的频率绝对不整齐，呈现形式为RR间期（后用RRI表示）杂乱无章。这是由于房室结有相对不应期的特点，从而导致高频率的f波不能依次通过它传到心室。这些f波造成了隐匿性传导改变房室结的不应期，造成了不规律的RRI和f波。在较长RRI之后容易发生QRS波恰好落在相对不应期的被称之为差异性传导的现象。差异性传导因为其“长短”配对间期的出现以及其QRS波形态的改变容易同室性早搏相混淆，关于二者的鉴别可以参考钱梦瑶等人的《房颤伴室性早搏与房颤伴差异性传导的量化鉴别方法研究》。

8.2　多参数房颤检测方法

8.2.1　房颤特征参数设计与依据

基于ECG的RR间期动力学实现房颤检测的特点是考虑了房颤病人心电信号的心律变化特性，检测房颤的特征参数少，建立的检测算法比较简单、实时性强。然而，单纯利用该特征的方法存在一些缺陷。一是为了降低误检率，它们对心律变化程度的要求通常比较苛刻，容易漏检房颤事件；二是它们没有考虑房颤f波的动态特征，因此它们难以区分房颤和非房颤心律失常疾病（如连续性的室性心律失常）。显然，结合房颤病人ECG的心律变化特性和房颤f波的动态特性来设计房颤特征参数，是提高房颤检测精度可行和有效的途径。

房颤发生时，室性波动在TQ段上的幅度较小，而f波的波动却最为明显。针对房颤f波在TQ段上的这种动态特性，我们首次提出将TQ段f波的平均波数（用Nf_{TQ}表示）作为检测房颤的特征参数。本书中，TQ段定义为每一个RRI内T波终止点和Q波起始点之间的ECG数据段。我们定义Nf_{TQ}为被检测ECG分段中所有TQ段上f波波动数之和除以该ECG分段中所有TQ段数所得结果。我们选择该特征参数检测房颤的依据如下：在非房颤病人（含正常人）ECG信号一个心动周期内的TQ段上，一般情况下只出现一个明显的P波，或者由于某种疾病导致P波消失，但其TQ段上不出现f波。因此，对于非房颤病人（含正常人）的ECG信号，其TQ段f波的平均波数满足$Nf_{TQ} \leqslant 1$；在房颤发生时的房颤病人ECG信号一个心动周期内的TQ段上，P波消失，取而代之的是不规则的f波，且在大多数情况下出现的f波波动数至少多于一个。因此，f波波动数反映了房颤f波的动态特性，能够用来辨别房颤与非房颤。f波的随机性和非平稳性导致ECG信号一个心动周期内的TQ段上出现的f波波动数量不确定。为了克服这种不确定性对房颤检测的影响，我们将被检测的ECG分段中所有f波波动总数平均到每一个TQ段上。因此，对于房颤发生时的ECG信号，我们能够得出其TQ段f波的平均波数满足 $Nf_{\mathrm{TQ}} > 1$ 的结论。

接着，我们定义一段被检测ECG分段中RRI的最大值与最小值之差为RRI最大偏差（用ΔRRImax表示），ΔRRImax能够反映心律变化的特性。RRI标准差（用RRIstd表示）也是一个反映心律变化特性的常用参数，并被现有许多方法用作检测房颤的特征参数。由于ΔRRImax和RRIstd反映房颤病人心律变化程度的角度不同，因此我们提出将它们共同作为检测房颤的两个特征参数。为了综合平衡房颤检测的误检和漏检率，在分析了现有方法设置的房颤RRI特征参数值的基础上，我们将检测房颤的ΔRRImax和RRIstd的阈值设置为：当ΔRRImax＞100 ms和RRIstd＞50 ms同时满足时，判别房颤发生。

因此，新的房颤特征参数集为：DRRImax、RRIstd和 Nf_{TQ} 。这三个参数综合考虑了房颤发生时ECG信号f波和心律变化的动力学特性。

8.2.2 房颤特征参数计算算法

（1） ΔRRImax和RRIstd

首先将待检测ECG数据划分为6 s一个分段。在检测到每个心动周期中的R峰位置后，我们可以容易求出每一个心动周期的RRI长度。对于一个6 s的ECG分段，设第 i 个心动周期的RRI长度用RRI(i)表示，则该ECG分段的RRI最大偏差和标准差分别计算如下：

$$\mathrm{RRImax}=\mathrm{RRImax}-\mathrm{RRImin} \tag{8-1}$$

$$\mathrm{RRIstd}=\sqrt{\frac{1}{N-1}\sum_{i=1}^{N}\left[\mathrm{RRI}(i)-\mathrm{RRImean}\right]^2},\quad i=1,2,\cdots,N \tag{8-2}$$

其中，N为一个6 s ECG分段中检测到的心动周期总数；RRImax代表该6 sECG分段中最大的RRI；RRImin代表该6 s ECG分段中最小的RRI；RRImean代表该6s ECG分段中所有RRI的平均值。

（2） Nf_{TQ}

与TQ段上残余的工频干扰以及运动伪影等噪声比较，房颤f波具有波动幅度和波动周期相对较大的特点。为了避免将噪声信号错误地检测为房颤f波，我们发展了一种自适应的TQ段房颤f波平均波动数计算算法，其步骤如下。

步骤1：截取TQ段并去除基线漂移。

从6 s ECG分段的每一个RRI中截取出TQ段. 虽然之前已经对6 s ECG分段进行

了带通滤波，去除了一些幅度较大的基线漂移，由于截取的TQ段长度较短且段内ECG幅度较小，剩余的基线漂移仍然会对f波产生很大的干扰，因此，我们还需要再次去除每一个TQ段上剩余的基线漂移。滑动平均滤波器能够去除基线漂移与ECG数据的叠加影响，使ECG数据的基线保持在稳定水平，所以我们采用该滤波器再次去除TQ段的基线漂移，以便在TQ段上客观和准确地检测到f波的波动数。

步骤2：设置自适应改变的f波鉴别阈值。

受f波随机特性的影响，每一个TQ段上的ECG幅度也随机变化，因此，我们设计了一个随ECG幅度自适应改变的阈值来鉴别f波，其计算方法如下：

$$\theta_{\mathrm{f}} = mean\left(V_{\mathrm{T}}\right) + \left[V_{\mathrm{T}} - mean\left(V_{\mathrm{TQ}}\right)\right] / 50 \tag{8-3}$$

其中，θ_{f}是可变阈值；mean（V_{TQ}）和V_{T}分别为当前TQ段的ECG幅度均值和T峰幅度值。从公式（8-3）可以知道，每一个TQ段上的θ_{f}能够随该段内ECG幅度的变化而自适应地变化。

步骤3：计算TQ段上f波的波动数。

以θ_{f}作为水平门限，并假设一个TQ段上共有K个波动超过该门限。一个超过门限的波动宽度定义为该波动与θ_{f}水平线两个交界位置对应的时间之差，用$L(k),\ k = 1,2,\cdots,K$表示。我们把TQ段上满足下列波动宽度条件的波鉴别为f波。

$$L(k) > 0.5\max\left(L(k)\right),\ k = 1,2,\cdots,K \tag{8-4}$$

其中，0.5为一个经验值；max(L(k)）表示$L(k),\ k = 1,2,\cdots,K$中的最大值。

步骤4：计算TQ段f波的平均波动数。

设被检测6 s ECG分段中第j个TQ段上出现的f波数量为$f_{TQ}(j)$，则该6秒ECG分段中所有TQ段上f波波数之和为

$$\mathrm{Sumf}_{\mathrm{TQ}} = \sum_{j=1}^{N} f_{\mathrm{TQ}}(j) \tag{8-5}$$

用$\mathrm{Sum}f_{TQ}$除以该6秒ECG分段中TQ段总数N，得到TQ段f波的平均波数Nf_{TQ}，即

$$Nf_{\mathrm{TQ}} = \mathrm{Sum}f_{\mathrm{TQ}} / N \tag{8-6}$$

8.2.2 实时的房颤检测方法

为了实现房颤的实时检测，本书将房颤病人的原始ECG信号等间隔地划分成6 s一个分段，再对每一个ECG分段进行房颤检测。因此，实时的房颤检测方法步骤包

括：带通滤波、QRST特征波定位、房颤特征参数计算和根据特征参数阈值判断该ECG分段是房颤ECG信号还是非房颤ECG信号。带通滤波主要是滤除ECG分段中的基线漂移和工频干扰等噪声，本书采用了传统的凯泽窗带通滤波器，滤波通带设置为0.5 ~ 40 Hz。ECG分段中QRST特征波的定位方法已经比较成熟，其中自动阈值平方函数方法[62]检测R峰的灵敏度和阳性预测值分别达到了99.57%和99.59%，且方法的实时性好，所以本书采用该方法首先定位R峰，在此基础上，再采用差分阈值方法定位Q的峰值和起始点、S波的峰值和终止点，最后定位T波的峰值和终止点。当房颤特征参数同时满足 ΔRRImax＞100 ms， RRIstd＞50 ms 和 Nf_{TQ}＞1 时，则检测该ECG分段为房颤ECG，否则检测为非房颤ECG。因此，本书方法的核心是房颤特征参数确定及其计算算法设计，算法的整体框架如图8-1所示。

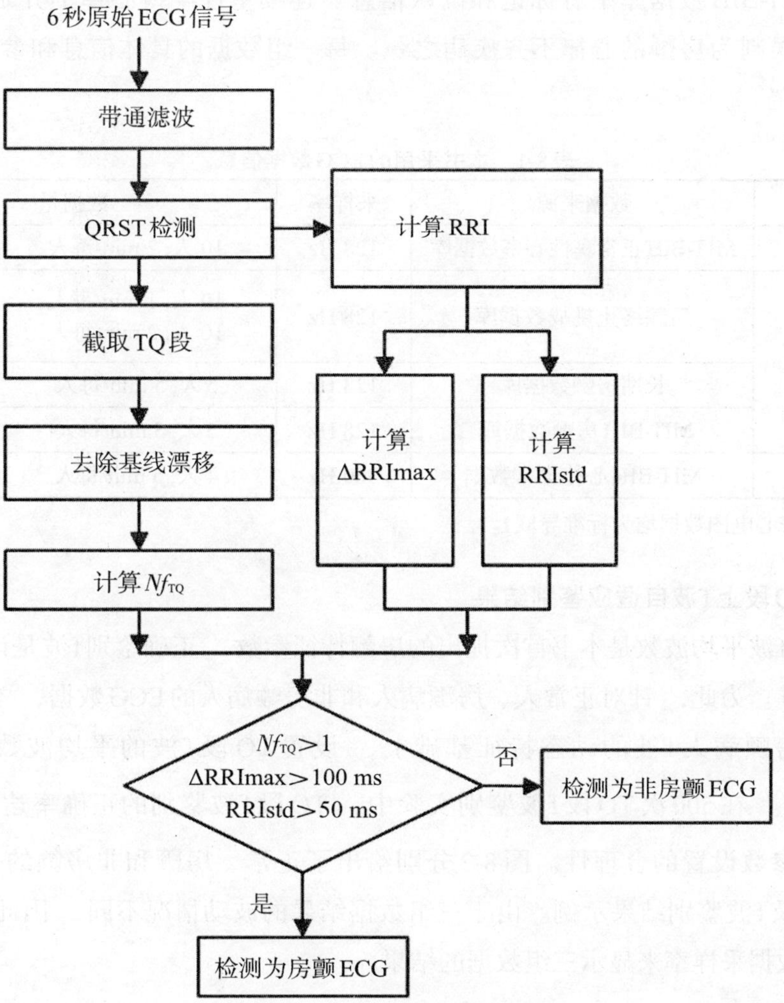

图8-1　本书方法的整体框架

8.2.3 实验验证

8.2.3.1 实验数据

为了验证本书方法的性能，本书收集了多种类型的ECG数据，并将这些数据分为正常、房颤和非房颤三个组。正常组代表具有正常窦性心率病人的ECG数据，由从MIT-BIH 正常窦性心率数据库中下载的20 min正常ECG数据组成。这些正常ECG数据来自于10位正常窦性心率病人，每人记录了2 min；房颤组代表病人房颤发作时的ECG数据，本书采用了30位房颤病人共80 min的ECG数据组成房颤组，这组数据全部经过了四川省人民医院医生判定与确认；非房颤组数据从MIT-BIH 心律失常数据库中下载，这组数据由4个连续室性早搏心律不齐病人的共20 min ECG记录组成，在MIT-BIH数据库中有标记和确认信息。连续室性早搏心律不齐是在临床上最容易被误判为房颤的心律不齐疾病之一。每一组数据的具体信息和参数如表8-1所示。

表8-1 本书采用的ECG数据信息

数据类型	数据来源	采样率	数据量	
正常组	MIT-BIH正常窦性心率数据库	128 Hz	10 人, 2 min/每人	20 min
房颤组	房颤终止挑战数据库	128 Hz	10 人, 1 min/每人 10 人, 2 min/每人	80 min
	长期房颤数据库	128 Hz	5 人, 5 min/每人	
	MIT-BIH房颤数据库	128 Hz	5 人, 5 min/每人	
非房颤组	MIT-BIH心律失常数据	360 Hz	4 人, 5 min/每人	20 min

注：三组体表心电图数据均为标准导联I。

8.2.3.2 TQ段上f波自适应鉴别结果

TQ段f波平均波数是本书首次提出的房颤特征参数，正确鉴别f波是计算该特征参数的关键。为此，针对正常人、房颤病人和非房颤病人的ECG数据，本书在分析了500例房颤病人f波的动态特征基础上，设置TQ段f波的平均波数阈值为当$Nf_{TQ}>1$时。在500次TQ段f波鉴别实验中，TQ段f波鉴别的正确率达到了99%，说明了该参数设置的合理性。图8-2分别给出了正常、房颤和非房颤的一个TQ段ECG波形及f波鉴别结果示例。由于三组数据结果的波动情况不同，因此，本书采用了不同数据采样率来显示三组数据的结果。

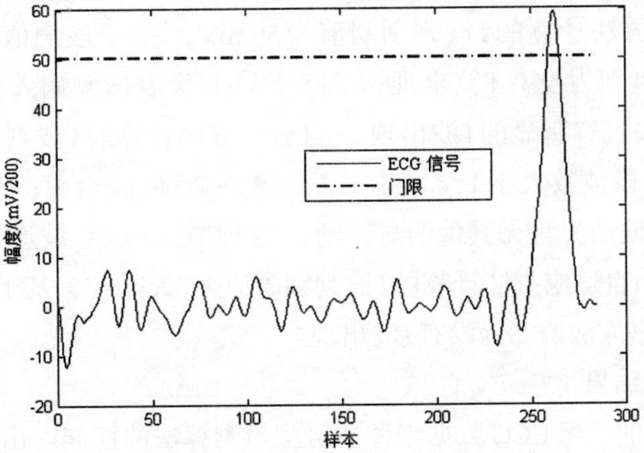

（a）正常人，数据采样率为500 Hz；

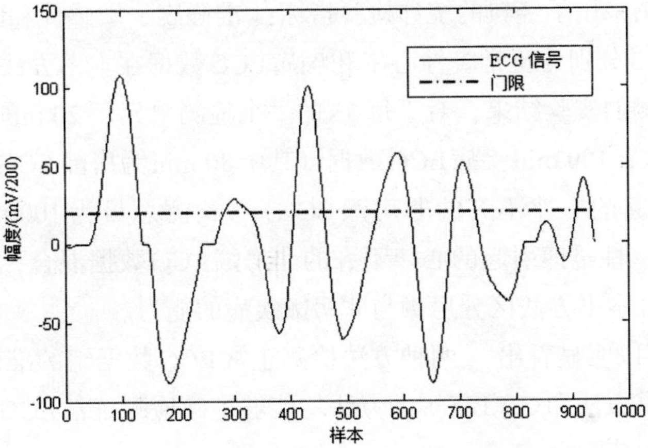

（b）房颤病人，采样率为1920 Hz；

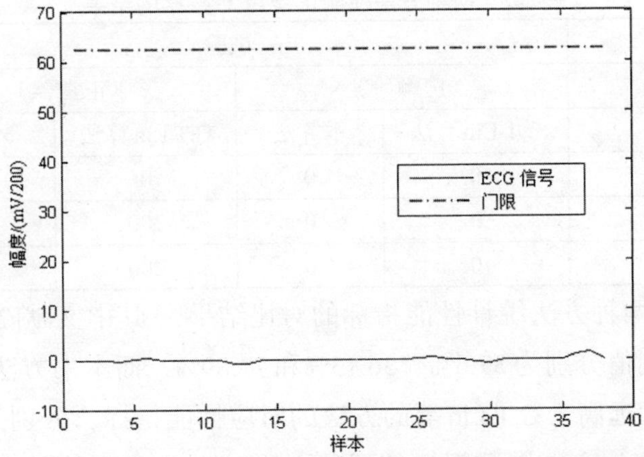

（c）非房颤病人，采样率为128 Hz

图8-2　正常、房颤和非房颤TQ段的ECG波形及f波鉴别结果

图8-2（a）中的结果表明，正常人的一个TQ段ECG内有明显的P波出现，本书提出的自适应方法计算的f波判别阈值为50 mV，基于该阈值的TQ段波数等于1，则本书方法鉴别为没有f波出现；图8-2（b）代表房颤病人TQ段上的ECG波形，此时P波消失且有明显的f波出现，自适应方法计算的f波判别阈值为20 mV，基于该阈值的TQ段波数大于1，则本书方法鉴别为有f波出现；图8-2（c）的结果表明该TQ段上P波消失且无其他明显波动，这种TQ段ECG波形是由室性早搏等非房颤疾病引起的。自适应方法计算的f波判别阈值为62.5 mV，基于该阈值的TQ段波数为“0”，则本书方法检测为没有f波出现。

8.2.3.3 房颤检测结果

本书用表8-1的三组ECG数据来评估房颤检测算法的性能。由于Lin等人提出的方法具有代表性，因此本书把该方法作为比较，采用同样的实验数据评估了该方法的性能。这里本书采用了经典的统计检验指标：准确度、敏感性和阳性预测值。

表8-2和表8-3分别为正常窦性心率和疾病ECG数据在本书方法和C.T.Lin等的方法下进行房颤检测的实验结果。对于每6 s的一个检测单元，20 min正常ECG数据的检测总量为200次；100 min疾病ECG数据（其中80 min为房颤ECG数据，20 min为连续室性早搏引起的心律不齐的非房颤ECG），检测总量为1000次。本书将房颤ECG数据与连续室性早搏引起的心律不齐的非房颤ECG数据混合，是为了增加检测房颤的难度，验证本书方法区分房颤与非房颤疾病的能力。

从表8-2中可以明显看出，两种方法检测正常ECG数据组的准确率均为100%，这个结果说明本书方法和C.T.Lin等的方法均能够正确检测正常ECG，特征参数的量化阈值均在合理的范围内。

表8-2　两种方法检测正常ECG数据的结果

正常组		试验				总计
		房颤(+)		正常(−)		
方法		C.T.Lin算法	本算法	C.T.Lin算法	本算法	
诊断	房颤(+)	0	0	0	0	0
	正常(−)	0	0	200	200	200
总计		0	0	200	200	200

图8-3给出了两种方法统计性能指标的对比结果，其中文献[73]方法的准确度、敏感性和阳性预测值分别为37.6%、36.13%和71.89%，而本书方法的准确度、敏感性和阳性预测值远远高于C.T.Lin等的方法的对应性能指标，分别为96.1%、95.38%和99.74%。在用疾病心电图数据评估两种方法时，本书方法的实验结果明显好于C.T.Lin等的方法。实验结果反映了C.T.Lin等的方法存在两个缺陷：一是设定的心律不齐阈值过高而造成大量房颤漏检；二是难以区分房颤与非房颤心律不齐疾病，因

为该方法把大量非房颤ECG误判为房颤ECG。由于增加了非房颤类数据，所以该方法难以很好地实现房颤检测。相比之下，本书方法在改进了基于RRI的特征参数和利用了f波动态特征参数后，提高了检测房颤的能力，而且能够以99.51%的准确率将房颤与连续室性早搏区分开。

表8-3 两种方法检测疾病ECG数据的结果

疾病组		试验				总计
		房颤(+)		非房颤(-)		
方法		C.T.Lin算法	本算法	C.T.Lin算法	本算法	
诊断	房颤(+)	289	763	511	37	800
	非房颤(-)	113	2	87	198	200
总计		402	765	598	235	1000

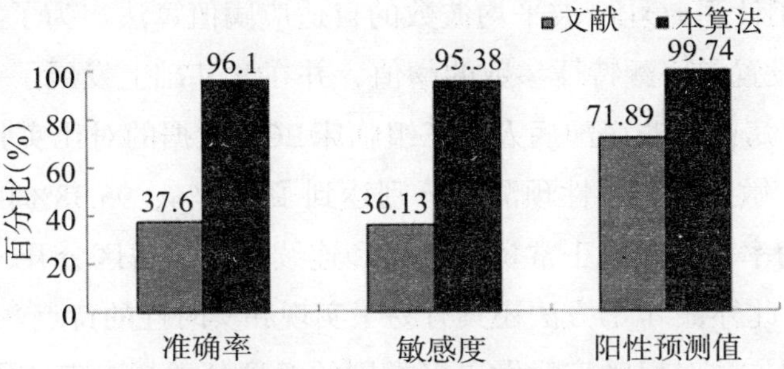

图8-3 两种方法统计性能指标的对比结果

8.2.4 讨论

在房颤的特征参数设计方面，被检测的ECG分段上RRI的标准偏差RRIstd是一个常用的特征参数，RRI的最大偏差DRRImax和TQ段f波的平均波数Nf_{TQ}是本书首次提出来的两个新房颤特征参数。上述三个特征参数的结合能够比较全面反映房颤发生期间ECG的动态变化特性，能够有效提高房颤检测精度。现有大多数房颤检测方法没有考虑到房颤f波的动态变化特性。

房颤特征参数的阈值设置一直是房颤检测中一个令人棘手的问题。众所周知，阈值设置得过高，将导致漏检，过低则导致误检。C.T.Lin等的方法将6 s内发生两次$\Delta RRI > 150$ ms，且$RRIstd > 60$ ms作为房颤检测的阈值。然而，临床上许多房颤病人的DRRI和RRIstd都低于上述阈值，因此，本书适当降低了对心律变化的要求，将DRRImax和RRIstd的阈值设置为$\Delta RRI > 100$ ms和$RRIstd > 50$ ms。本书将TQ段f波的平均波数的阈值设置为$Nf_{TQ} > 1$，在测试数据中，99%的房颤病人满足该阈值条件，说明了该阈值设置的合理性。

大多数研究只采用了正常人和房颤病人的ECG来验证房颤检测方法的性能。为了验证房颤检测方法的普适性，本书增加了一类容易与房颤混淆的非房颤类ECG数据作为负集。对于正常与房颤数据，C.T.Lin等的方法取得了很好的检测性能，其检测正确率、敏感性和阳性预测率分别达到了94%、94.56%和99.39%。由于该方法区分房颤与非房颤（如连续室性早搏）心律不齐疾病的能力比较弱，因此，当用本书的三类ECG数据评估C.T.Lin等的方法时，其检测性能大大降低。

8.2.5 结论

针对房颤病人的ECG特点，本书首次提出将RRI的最大偏差ΔRRImax和基于f波动态特征的TQ段f波平均波数 Nf_{TQ} 作为房颤检测的特征参数，建立了基于ECG分段的RRI标准差、RRI最大偏差和TQ段f波平均波数等三个特征参数的房颤检测综合标准，并设计了计算TQ段f波平均波数的自适应阈值算法。为了实现房颤的精确检测，本书合理设置了房颤特征参数的阈值，并在此基础上发展了一种房颤检测方法。来自于正常、房颤和非房颤病人的三组临床ECG数据的对比实验结果显示，本书方法的准确度、敏感性和阳性预测值分别达到了96.1%、95.38%和99.74%，特别是它能够以高准确率将房颤与正常窦性心律和连续室性早搏区分开，其性能远远好于现有相关方法。此外，本书方法还具有易于实现和实时性的特点。

结合机器学习方法对房颤疾病做更多类别的亚型分类是未来的研究方向，有助于为临床上提高房颤治疗效果提供客观指导。

8.3 房颤伴室性早搏与房颤伴差异性传导的量化鉴别

8.3.1 房颤情况下室性早搏与差异性传导的特点

在临床上，医生可以通过QRS波形态以及是否存在P波对室性早搏（后简称为早搏）和差异性传导（后简称为差传）两种病症进行鉴别。早搏的QRS波群存在较大形变且其前无相应的P波；差传的QRS波群变异度较室性早搏的更小，其前必然存在P波。当两者伴随房颤发生时，由于房颤波的影响，两者在心电图上的特征也会发生相应的变化。房颤情况下早搏与差传的心电图特点可总结如表8-4所示。

表8-4 房颤伴室性早搏与房颤伴差异性传导的ECG特点

鉴别点	房颤伴差异性传导	房颤伴室性早搏
联律间期	大多不固定	通常固定
类代偿间期	无	常有
QRS波形态	波形易变且多呈右传导阻滞	波形固定
基本心室率	较快	较慢
QRS时限	大多小于0.12s	多大于0.12s

表8-4显示，在伴随房颤的情况下，早搏和差传在联律间期、类代偿间期及QRS波的形态与持续时间上有较大的差异。其中，类代偿间期这一参数常用于鉴别房颤时出现的宽QRS波是早搏还是差传。无论是在房颤发生情况下还是正常情况下，室性早搏与差异性传导的（类）代偿间期和联律间期之间都存在着区别。考虑到房颤波及个体之间的差异都会对心电信号的RRI产生影响，本书选用类代偿间期与联律间期的比值作为两者的鉴别参数。

8.3.2　算法设计

通过本章对房颤在ECG上的特征介绍可知，当房颤发生时由于房颤波（f波）的影响，其对应的QRS波幅值会发生相应的改变，但是其波形形态并无明显变化。因此，可以利用形态学方法提取心电信号中代表早搏与差传发病的宽QRS波段。

本书提出的房颤伴室性早搏与房颤伴差异性传导的鉴别方法框架如图8-4所示。

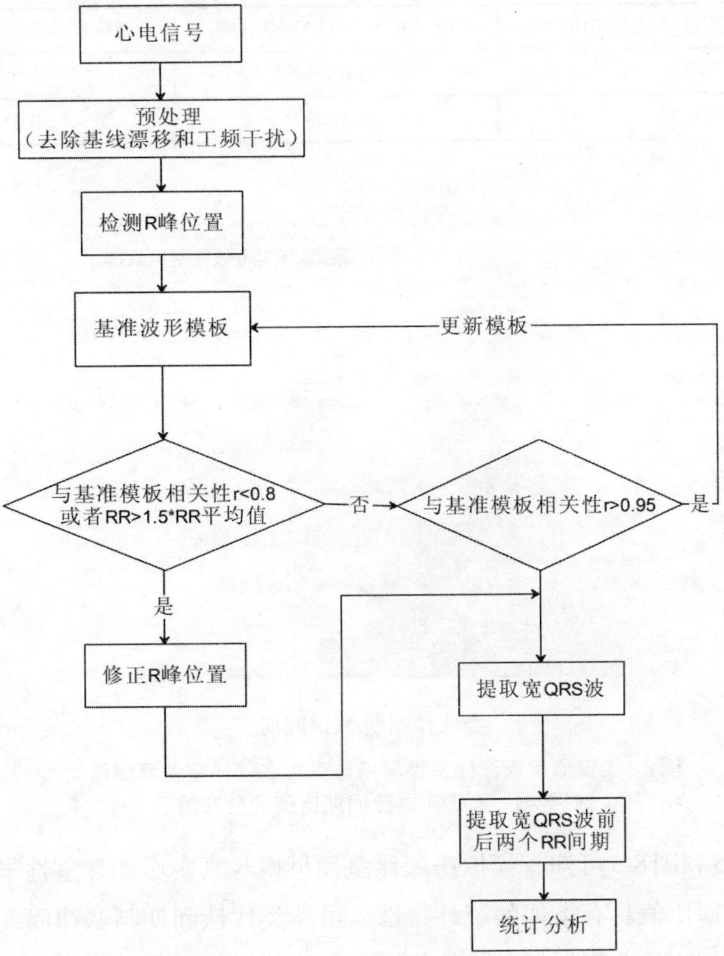

图8-4　方法的框架

本书采用第6章的方法对输入的心电信号进行一系列处理，包括预处理，特征R波检测，建立基准模板，并在符合一定条件时进行基准模板的实时更新，同时针对宽QRS波情况对R波波峰位置进行修正；随后进行宽QRS波识别，达到提取本书需要的类代偿间期与联律间期的目的。

8.3.3 房颤伴室性早搏与房颤伴差异性传导的鉴别结果

实验数据取自第6章第一类模拟房颤伴室性早搏和差异性传导数据和第二类真实房颤伴室性早搏数据。本书从两类数据中提取到类代偿间期与联律间期，并求取二者的比值。对于第一类中模拟房颤伴室性早搏和第二类真实房颤伴室性早搏数据，它们的类代偿间期与联律间期比值的平均值、均方差及分布直方图如表8-5和图8-5所示。

表8-5 模拟和真实房颤伴室性早搏数据的类代偿间期/联律间期比值的平均值和均方差

类代偿间期/联律间期比值	模拟房颤波伴室性早搏	真实房颤伴室性早搏
平均值	2.0528	1.9894
均方差	0.4008	0.3192

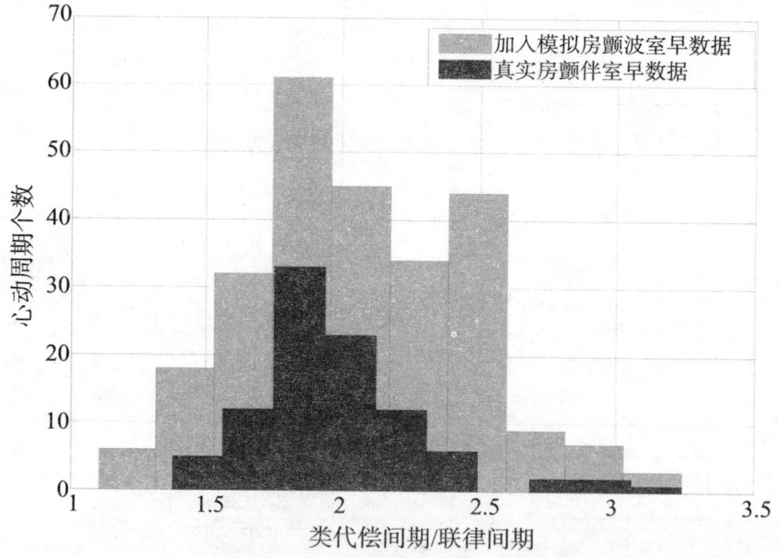

图8-5 模拟房颤波伴室性早搏与真实房颤伴室性早搏两类数据类代偿间期/联律间期比值的分布情况

通过表8-5和图8-5可知，模拟房颤伴室性早搏与真实房颤伴室性早搏的类代偿间期与联律间期比值具有类似的统计特性。虽然类代偿间期与联律间期会受房颤波的影响而产生相应的改变，但类代偿间期与联律间期的比值仍体现了二者的共同变化；同时也表明本书采用在室性早搏数据中加入模拟房颤波得到的仿真数据是可以体现类代偿间期与联律间期比值在真实房颤伴室性早搏数据中的特性的。

对于第一类中模拟房颤伴室性早搏和模拟房颤伴差异性传导数据，它们的类代偿间期与联律间期比值的平均值和均方差如表8-6所示，分布直方图如图8-6所示。

表8-6 模拟房颤伴早搏和伴差传数据的类代偿间期/联律间期比值的平均值和均方差

类代偿间期/联律间期比值	模拟房颤伴早搏	模拟房颤波伴差传
平均值	2.0528	1.0566
均方差	0.4008	0.3873

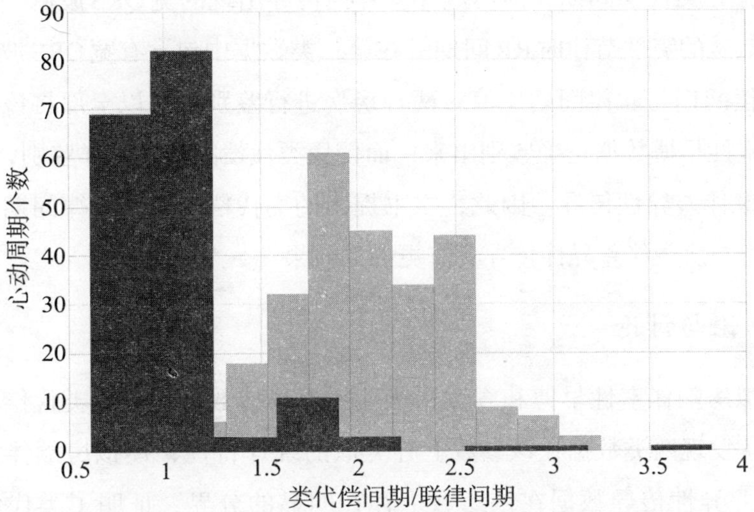

图8-6 模拟房颤波伴早搏与模拟房颤伴差传两类数据类代偿间期/联律间期比值的分布情况

由表8-6和图8-6可知，发现房颤伴早搏与房颤伴差传两类心电数据在类代偿间期与联律间期比值上有显著差异，说明类代偿间期与联律间期比值这一特征参数可以作为区分房颤情况下室性早搏与差异性传导的鉴别参数。

为此，本书将类代偿间期与联律间期比值的阈值选取为1.2。为验证这一特征参数的鉴别能力，本书将该参数用于鉴别第一类数据中4975跳模拟房颤伴室性早搏与模拟房颤伴差异性传导心电信号。鉴别结果如表8-7所示。

表8-7 本书提出的参数对模拟房颤伴室早与房颤伴差传的鉴别结果

数据		实验		总计
		房颤伴室早(+)	房颤伴差传(−)	
诊断	房颤伴室早(+)	231	4	235
	房颤伴差传(−)	17	145	162
总计		248	149	397

由表8-7可知，利用本书提出的类代偿间期与联律间期比值作为鉴别两种房颤伴宽QRS波病症的参数，实验将房颤伴室早正确鉴别为房颤伴室早的有231跳，即真阳性TP；将房颤伴室早错误鉴别为房颤伴差传的有4跳，即假阳性FP；将房颤伴差传正确鉴别为房颤伴差传的有145跳，即真阴性TN；将房颤伴差传错误鉴别为房颤伴早搏的有17跳，即假阴性FN。由此可以计算出该参数鉴别模拟房颤伴室早与模拟房颤伴差传的性能为：灵敏度为93.15%，阳性检测率为98.30%。

为了进一步验证这一参数的鉴别效果，本书将第二类数据作为测试数据。同时，将本书方法与传统使用的类代偿间期鉴别参数做比较。临床上一般认为房颤伴差异性传导不存在类代偿间期，即房颤伴差异性传导出现的宽QRS波后一间期应不大于该段心电信号的窦性节律时RR间期。在第二类数据中包含有宽QRS波的心动周期，采用类代偿间期与联律间期比值对两种疾病进行鉴别，可以全部将该类数据中包含的房颤伴室性早搏数据正确鉴别出来，而使用类代偿间期做同样鉴别，有4跳被错误判断为房颤伴差异性传导。因此，本书提出的类代偿间期与联律间期比值鉴别房颤伴室性早搏与房颤伴差异性传导具有更好的效果。

8.3.4　实验结论与讨论

本书在模拟房颤伴室性早搏和真实房颤伴室性早搏数据上提取类代偿间期与联律间期的比值，发现两类数据在该参数上有类似的统计特性；模拟房颤伴室性早搏与模拟房颤伴差异性传导数据在该参数上存在明显的分界，证明了类代偿间期与联律间期比值用于鉴别房颤伴室性早搏与房颤伴差异性传导的可行性。对比本书提出的参数与目前临床上使用的类代偿间期在鉴别两种房颤伴宽QRS波病症的结果后发现，本文提出的参数鉴别效果更佳，主要原因可能是在房颤情况下宽QRS波后间歇期产生变化，而这一变化主要是由于在房颤发作时，室性早搏或差异性传导可能产生逆向传导的生理电使得之后的房颤波不能下传，进而导致之后的RR间期产生变化。

8.4　本章小结

本书首次提出将RRI的最大偏差ΔDRRImax和基于f波动态特征的TQ段f波平均波数 Nf_{TQ} 作为房颤检测的特征参数，建立了基于ECG分段的RRI标准差、RRI最大偏差和TQ段f波平均波数等三个特征参数的房颤检测综合标准，并设计了计算TQ段f波平均波数的自适应阈值算法。本书算法能够以高准确率将房颤与正常窦性心律和连续室性早搏区分开，其性能远远好于现有相关方法。此外，本书方法还具有易于实现和实时性的特点。

本书发现房颤伴室性早搏与房颤伴差异性传导的类代偿间期与联律间期比值有显著性的差异。这一参数可以代替目前常用的类代偿间期作为鉴别二者的辅助参数，帮助医生临床上对房颤伴室性早搏与房颤伴差异性传导进行鉴别。

第9章

二度房室传导阻滞自动检测研究

9.1 房室传导阻滞分型及其心电图表现

房室传导阻滞（后称为房室阻滞）是最常见的一种心脏传导阻滞，可伴以任何已知的心律失常。房室阻滞是指心脏房室传导系统中一个部分（一些情况下多于两个部分）不应期的不正常延长，在激动向心室扩张中，传导速度被延迟或者激动全都不能够被传输。房室阻滞可以是暂时性、间歇性或持续性的，根据其堵塞程度的差异可将其分为一、二、三度房室阻滞。与一、二度房室阻滞相比，三度房室阻滞有不同的疾病特征、预后以及治疗方法，且它是最为严重的房室阻滞。

一度房室阻滞是指拥有从心房到心室的传导时程变长这一典型特征的疾病。阻滞部分可以在心房、房室交界、希氏束及末端纤维等位于任意位置的心脏传导系统中发生，但有九成是在房室交界部分发生的。它的心电图特征为：

（1）PR间期＞ 0.20 s（成人）或＞ 0.17 s（小儿）；

（2）PR间期＞正常最高值；

（3）PR间期大致相同的情况下，两次相差超过0.04。

二度房室阻滞是电冲动从心房至心室的传导过程中存在中断，即存在心室脱离心房而独立成为一个心拍的现象，与一度房导阻滞不同之处在于有房室传导中断的心室漏搏出现，根据心室漏搏的数量和房室传导比例以及PR间期的不同可分为二度Ⅰ型（文氏现象）和二度Ⅱ型（莫氏Ⅱ型），其中莫氏Ⅱ型的预后性较差。图9-1是二度房室阻滞Ⅰ型和Ⅱ型的比较。

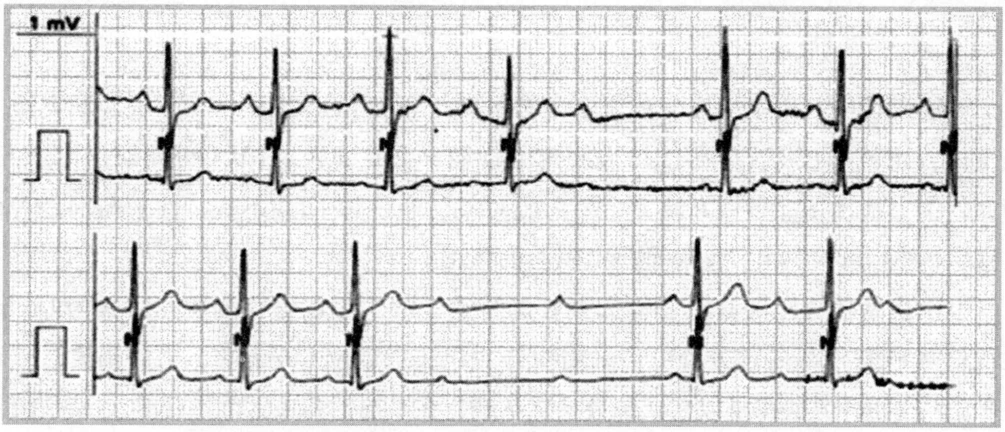

图9-1　二度房室阻滞I型和Ⅱ型的比较（上为Ⅰ型，下为Ⅱ型）

二度Ⅰ型房室阻滞心电图特征为：

（1）PR间期逐渐变长，直到QRS脱漏；

（2）RRI逐渐缩短；

（3）短的2个RRI相加大于长的RRI；

（4）一般QRS波形状正常。

二度Ⅱ型房室阻滞心电图特征为：

（1）在QRS漏搏之前，PR间期恒定；

（2）RR间期无明显变化；

（3）长的RR间期为短RR间期的整数倍。

（4）房室传导比例一般为2∶1，3∶1，当连续出现2次以上2∶1传导时称之为高度房室阻滞。

三度房室阻滞是由于心室以上与心室的冲动全部被阻滞或逆行导致的，它按照各自不同的节律来决定心房及心室的活动。一般来说，心房率快于心室率，故它的心电图特征为P波呈窦性且与QRS波群没有关联，P波频率大于QRS频率，PP间期与RRI各自规则。

9.2　房室阻滞自动检测

P波相对QRS波群的位置变化信息是对房室阻滞的自动检测十分重要。因此，在房室阻滞自动判别算法的研究中，如何准确的定位出P波是关键。然而，在ECG信号中，P波容易被噪声淹没，导致迄今为止对房室阻滞自动识别算法的研究非常有限。介于数据来源、疾病严重程度以及算法实用意义等综合因素的考量，本书主要研究了二度Ⅱ型房室阻滞的自动检测算法。

9.2.1 算法设计

算法设计中利用了二度Ⅱ型房室阻滞的两个重要ECG特征：①心房冲动突然不能下传，也就是P波后存在QRS波脱落的现象；②在窦性心律中PP间期是恒定的。为此，本书提出了一种以R波为主要参照对象，通过PP间期不变特性来甄别是否存在漏检P波，以检测出二度Ⅱ型房室阻滞的算法。

由于房室传导阻滞具有心动周期长的特点，故本书设置检测单元时长为1 min。在待检测ECG信号的预处理中，采用积分面积法来定位T波末端，采用幅值法来定位P波。这两种方法都是以R峰作为参照基准，在其前后相应区间内作ECG特征波定位，它们都显示出良好的定位效果，如图9-2所示。

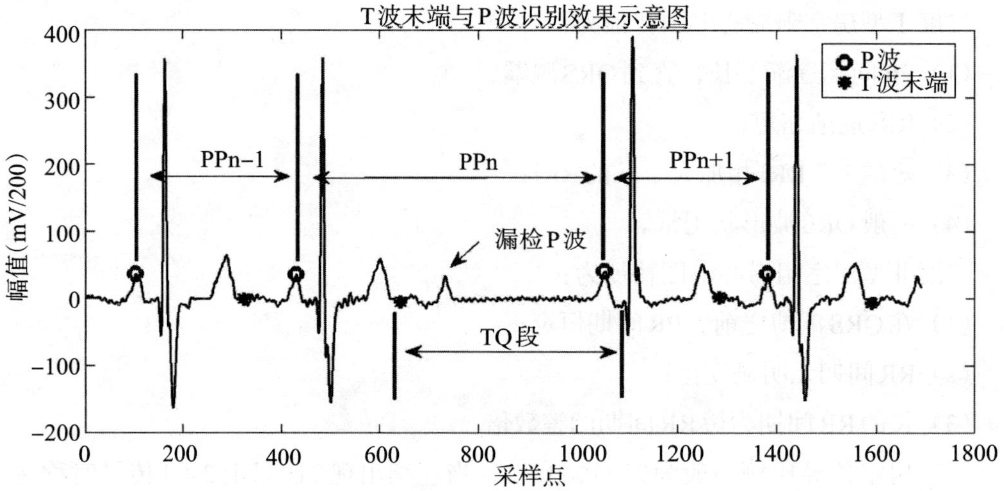

图9-2 T波末端与P波识别效果示意图

此外，本书算法涉及以下几个ECG特征参数。

（1）PP间期。它是相邻两个P波的时间之差，因为在房室阻滞中会出现P波漏检的情况，故在本书算法中PP间期特指通过P波定位方法识别到的PP间期，真实的PP间期在本书中被称为标准PP间期。

（2）TQ段。它是ECG中T波末端到Q波起始点的一段时间，包含了一个心动周期结束到另一个心动周期窦房结开始除极的信息，在本书中特指定位方法所检测到的TQ段。

（3）感兴趣区域（Region of Interest， ROI）。在本书中特指在处理TQ段时P波可能存在的几个区域。

9.2.2　算法框架

本书提出的二度Ⅱ型房室阻滞检测算法框架如图9-3所示。

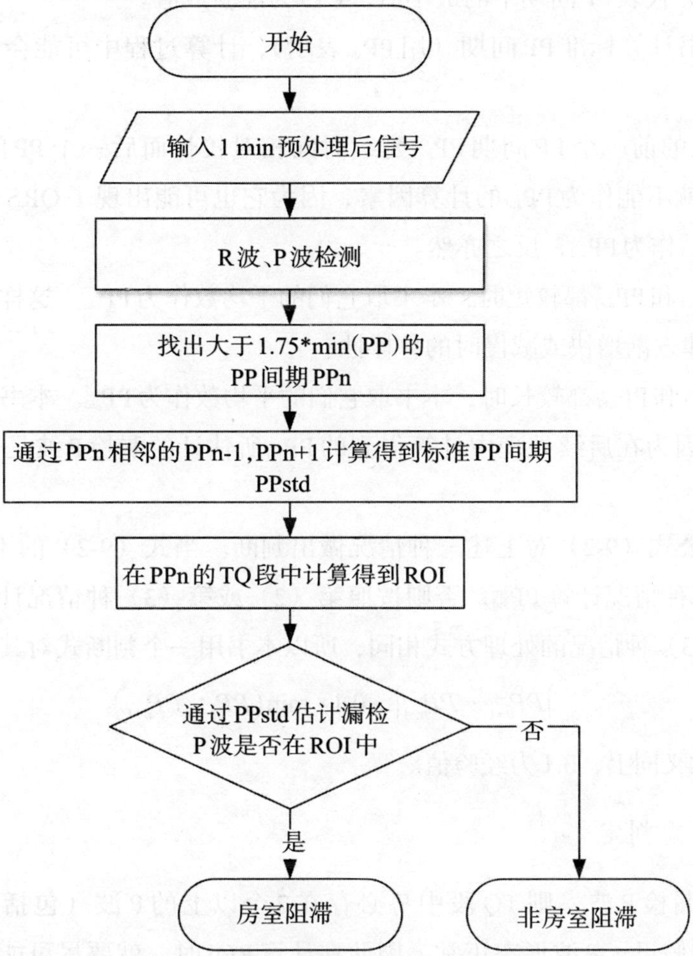

图9-3　二度Ⅱ型房室阻滞检测算法框架

值得注意的是，本书算法的成立基于如下三个假设条件，若待检测ECG信号不满足其中之一条件，本书算法可能会失效。

条件1：ECG信号采用二导联采集，因为二导联中P波幅值相对明显，且P波呈直立。

条件2：病人的P波呈窦性，也就是不存在其他会导致P波异常如双向倒置的疾病，并且病人心房的节律平稳。

条件3：病人U波的形态与P波不一致，否则有可能将U波误判为漏检P波。

根据房室阻滞P波后存在QRS波脱落的现象，本书首先将检测到的PP间期中时间较长的PP间期提取出来，提取方法如式（9-1）所示。

$$PP_n = \{PP|PP > 1.75 \times \min(PP)\} \quad (9\text{-}1)$$

其中，min(*PP*）代表PP间期中的最小值，1.75为经验数值。

然后，本书计算标准PP间期（用PP_{std}表示），计算过程中可能会遇到以下三种情况。

（1）在PP_n的前一个PP间期PP_{n-1}延续时间相对较长而后一个PP间期PP_{n+1}较短时，那么PP_{n-1}就不能作为PP_{std}的计算因素，因为它也可能出现了QRS波脱落，所以我们此时将PP_{n+1}作为PP_{std}，反之亦然。

（2）当PP_{n-1}和PP_{n+1}都较短时，本书取它们的平均数作为PP_{std}。这样做是为了增强算法在窦性心律逐渐增快或减慢时的鲁棒性。

（3）当PP_{n-1}和PP_{n+1}都较长时，本书取它们的平均数作为PP_{std}。本书之所以不做进一步的处理是因为在后续处理中计算得到的PP_{std}所估计的漏检P波是不可能存在于ROI中的。

本书根据公式（9-2）对上述三种情况做出判断。当式（9-2）的不等式成立时，则按照第（1）种情况计算PP_{std}，否则按照第（2）或第（3）种情况计算PP_{std}。由于第（2）和第（3）种情况的处理方式相同，所以本书用一个判断式对其进行区分。

$$|PP_{n+1} - PP_{n-1}| > 0.1 \times \min(PP_{n-1}, PP_{n+1}) \quad (9\text{-}2)$$

式中，min的意义同上，0.1为经验值。

9.2.3 漏检P波判定

如果存在漏检P波，则TQ段中势必存在2个以上的P波（包括一个已检测P波）。由于本书假设了P波形态正常，因此在计算ROI时，就要尽可能使未检测P波与已检测P波特征相似并从其他杂波中区别出来。为此，本书借鉴了Elgendi等人采用的两个窗长分别为W_1和W_2滑动平均滤波器对TQ段（用S_0表示）进行处理，得到特征信号M_1和M_2，并采用M_1减M_2大于0的差值来表示ROI，如式（9-3）所示。

$$M_k(n) = \frac{1}{W_k}\left[S_0\left(n - \frac{(W_k - 1)}{2}\right) + \cdots + S_0(n) + \cdots + S_0\left(n + \frac{(W_k - 1)}{2}\right)\right], k = 1,2 \quad (9\text{-}3)$$

其中，W_1取值为0.07 s，W_2取值为0.14 s。ROI的计算公式（9-4）所示，如图9-4所示。

$$ROI_{raw} = \{x|x \in M_1 - M_2 > 0\} \quad (9\text{-}4)$$

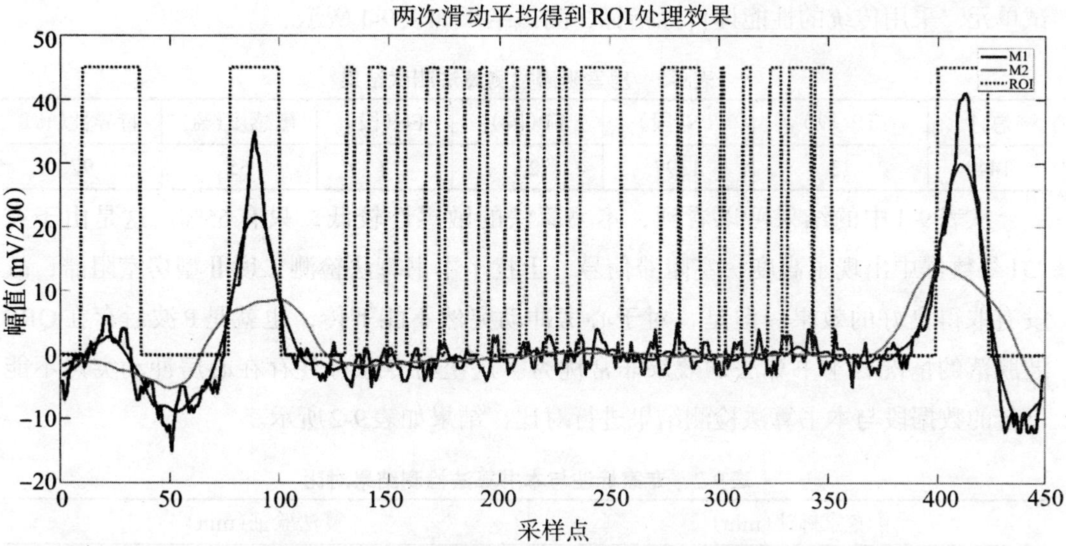

图9-4 TQ段两次滑动平均得到的ROI示意图

从图9-4中可以看到，受信号杂波的影响，ROI_{raw}区域显得非常繁杂。由于房室阻滞可能出现多个P波漏传的现象，这时需要先推定P波的个数再对其进行进一步处理。P波的个数m可以由之前得到的PP_{std}推出，如式（9-5）所示。

$$m=\left\lfloor \frac{PP_n}{PP_{std}} \right\rfloor +1 \tag{9-5}$$

接着，从ROI_{raw}中剔除杂波区域，只留下m个区域（本书期望其中一个为已检测P波区域），这些区域就是最终的ROI。因为P波在TQ段中是最为显著的波形，故在ROI_{raw}中选择M_1和M_2信号的差值（也就是所围成面积最大的m个区域）作为最终ROI。在一般情况下，这m个区域中包含了已检测P波的区域，后面本书把这个P波称为基准P波。

最后，若以下两个条件都被满足，则判断该检测单元为二度Ⅱ型房室阻滞。

条件1：判断所估计的P波位置是否与实际位置相符。具体做法是以采用幅值法检测到的P波为基准，以PP_{std}为步长来计算TQ段中未检测P波的估计位置，也就是看所估计区域是否全部存在于m个ROI中。

条件2：判断包括基准P波在内的所有P波形态是否一致。如果所有ROI区域两两宽度之差不超过7 ms，则判断所有P波形态一致。

9.3 实验验证

本书采用MIT-BIH心律失常数据库中ECG数据作为测试集。其中，只有231号数据有房室阻滞信号，而其他信号用于检验本书方法的特异性。以1 min作为一个测试单元，采用传统的性能评价标指标，测试结果如表9-1所示。

表9-1 房室阻滞检测算法测试结果

总计	TP(段)	TN(段)	FP(段)	FN(段)	敏感度(%)	特异性(%)
1440	13	1397	23	7	65	97

从表9-1中的结果可以看到，本书算法的敏感性较低，只有65%。这是由于在231号数据中出现了高度房室阻滞信号，干扰了本书算法检测二度Ⅱ型房室阻滞，故没有取得良好的效果。但是，对于心房冲动突然不能下传，也就是P波后存在QRS波脱落的情况，本书算法的效果非常优秀。这里将专家标注存在心房冲动突然不能下传的数据段与本书算法检测结果进行对比，结果如表9-2所示。

表9-2 专家标注与本书算法检测结果对比

专家标注(min)	算法验证(min)
1	1
2~3	2,3
6~10	6,10
12	12
14~18	14,18
21	21
22~24	22,24
27	27
30	30

表9-2中，6 ~ 10，14 ~ 18以及22 ~ 24都是专家标注的连续的高度房室阻滞信号，包含在内的7、8、9、15、16、17和23段信号没有被本书算法检测出来，但在疾病发生和停止的位置上，本书算法完全可以判断出房室阻滞发生的，敏感性达到了100%，不存在误判的情况。

在整个MIT-BIH心律失常数据库的48组数据中，本书算法的特异性达到了97%。值得一提的是，在所有心律失常数据库以1为编号开头的数据中，本书算法的特异性能够达到100%，而这些数据中包含了常见的心律失常（如早搏、二联律等），这说明本书算法不会误判正常的心电数据且对非房室阻滞心律失常有一定的鉴别能力。在201，202，203，210，219，221和222号数据中，本书算法的特异性都徘徊在90%以上，这是因为这些数据里面包含了房颤信号，而房颤以不存在P波取而代之的是很多f波为特征，干扰了漏检P波的判定，导致特异性下降。

9.4　本章小结

本书探索性地研究了二度Ⅱ型房室阻滞的自动检测算法。利用二度Ⅱ型房室阻滞P波后存在QRS波脱落和窦性心律中PP间期是恒定的特征，提出了一种基于滑动检测ROI并进行漏检P波判别，检测二度Ⅱ型房室阻滞的算法。该算法在测试数据集中取得了不错的效果。虽然本书所用验证数据量较少，且本书算法检测连续性高度房室阻滞的效果还不太理想，但在房室阻滞自动检测算法研究处于相对匮乏状态的情况下，本书所提出的研究思路还是可以起到一种抛砖引玉的作用。

参考文献

[1] 卞玉萍，杨 浩，何为，汪金刚. 基于最小二乘法原理的动态心电信号伪差识别[J]. 生物医学工程学杂志，2007，24(5)：1031-1035.

[2] 李永亭，齐咏生，肖志云. 基于小波变换的动态心电信号伪差识别[J]. 计算机工程，2009，35(18)：269-271.

[3] 杨振野，李玲华. 一种基于函数逼近原理的心电图 P 波识别的研究[J]. 生物医学工程学杂志，1998，15(2)：120-122.

[4] 余生晨,高立,薛阳,等.基于遗传算法和神经元网络的心电信号T波检测[J]. 中国生物医学工程学报，2008，27(004)：481-484.

[5] 钟国强，曾志羽，何涛. 实用心律失常心电图[M]. 北京：科学出版社，2016.

[6] 王瑞荣，余小庆，王敏，等. 基于极限学习机的室性早搏判别算法的实现[J]. 中国生物医学工程学报，2017，36(2)：158-164.

[7] 周群一. ECG心拍建模与分析识别[D]. 浙江大学，2004.

[8] 杨波，张跃. 基于多模板匹配的室性早搏判别算法[J]. 计算机工程，2010，36(16)：291-292.

[9] 杨阳. 基于单导联心电图的常见心律失常判断算法研究[D]. 电子科技大学，2016.

[10] 陈新. 黄宛临床心电图学[M]. 6版. 北京：人民卫生出版社，2009.

[11] 郭继鸿. P 波离散度[J]. 临床心电学杂志，1999，8(3)：189-192.

[12] 万相奎，秦树人，梁小容，等. 基于"小波—幅值—斜率"的 P 波检测新方法[J]. 生物医学工程学杂志，2006，23(4)：722-725.

[13] 宋立新，关丽丽，王乾，等. 一种基于多特征的 P 波检测方法[J]. 生物医学工程学杂志，2014，31(2)：283-287.

[14] 吴斌. 基于支持向量机的心电图 P 波识别算法研究[D]. 华东师范大学，2008.

[15] 杨晓利. 心电信号 R波与P波检测研究[D]. 中南大学，2008.

[16] 李冉，方滨，沈毅，等. ECG 中P 波检测的Prony分析方法[J]. 生物医学工程学杂志，2008，25(6)：1271-1275

[17] 张贤达. 现代信号处理[M]. 北京：清华大学出版社，2002.

[18] 郭成,李群湛,贺建闽,等. 电网谐波与间谐波检测的分段Prony 算法[J]. 电网技术,2010,34(3):21-25.

[19] 沈娟华. 基于相关矩阵和混合指数分布的聚类分析[D]. 苏州大学,2007.

[20] 王晞,黄从新,王腾. 兔肺静脉肌袖心肌细胞动作电位和钾、钙离子流特性的研究[J]. 中华心血管病杂志,2002, 30(4):232-234.

[21] 钱梦瑶,饶妮妮,刘定宇,等.房颤伴室性早搏与房颤伴差异性传导的量化鉴别方法研究[J].中国生物医学工程学报,2015,34(2):129-135.

[22] M. Rahman ,R. Shaik,D. Reddy. Efficient and simplified adaptive noise cancelers for ECG sensor based remote health monitoring[J]. IEEE Sensors Journal, 2012, 12: 566-573.

[23] M. Rahman,R. Shaik,D. Reddy. Cancellation of artifacts in ECG signals using block adaptive filtering techniques[J]. Software Tools and Algorithms for Biological Systems,2011,696:505-513.

[24] J. Lipponen, M. Tarvainen, T. Laitinen, et al. A principal component regression approach for estimation of ventricular repolarization characteristics[J]. IEEE Transactions on Biomedical Engineering,2010,57:1062-1069.

[25] Y. W. Tu,X. Q. Fu,D. L. Li,et al. A novel method for automatic identification of motion artifact beats in ECG recordings[J]. Annals of Biomedical Engineering,2012,40: 1917-1928.

[26] S. J. Redmond, C. Heneghan. Cardiorespiratory-based sleep staging in subjects with obstructive sleep apnea [J]. IEEE Trans Biomed Eng,2006,53(3):485-496.

[27] C. Li,C. Zheng,C. Tai. Detection of ECG characteristic points using Wavelet Transforms [J]. IEEE Trans Biomed Eng,1995,42(1):21-28.

[28] G. Vijaya,V. Kumar,H. K. Verma. ANN-based QRS-complex analysis of ECG[J]. J. Med. Eng. Techn01,1998,22(4):160-167.

[29] G. M. Friesen. A comparison of the noise sensitivity of nine QRS detection algorithms [J]. IEEE Trans Biomed Eng,1990,37(1):85-98.

[30] P. Laguna,R. Jané,P. Caminal. Automatic detection of wave boundaries in multilead ECG signals: validation with the CSE database[J]. Computers and biomedical research,1994,27(1):45-60.

[31] A. R. Bsoul,S. Y. Ji,K. Ward,et al. Detection of P QRS,and T components of ECG using Wavelet Transformation [C]. International Conference on Complex Medical En-

gineering, Tempe, AZ, USA, 2009, 1-6.

[32] B. Madhukar, K. Rajgopal, L. M. Patnaik, editors. Parametric technique for P wave delineation[C]. 1994 IEEE International Conference on Acoustics, Speech, and Signal Processing (ICASSP-94), 1994, Volume: iii: 229-232.

[33] E. de Azevedo Botter, C. Nascimento, T. Yoneyama. A neural network with asymmetric basis functions for feature extraction of ECG P waves[J]. IEEE Transactions on Neural Networks, 2001, 12(5): 1252-1255.

[34] S. S. Mehta, N. S. Lingayat. Application of support vector machine for the detection of P- and T-waves in 12-lead electrocardiogram[J]. Computer methods and programs in Biomedicine, 2009, 93(1): 46-60.

[35] V. Chudacek, M. Huptych, D. Novak, et al. Automatic QT interval measurement using rule-based gradient method[C]. 2006 Computers in Cardiology, 2006, 33: 349-351.

[36] I. Christov, I. Simova. Fully automated method for QT interval measurement in ECG [C]. 2006 Computers in Cardiology, 2006, 33: 321-324.

[37] Q. Zhang, A. I. Manriquez, C. Medigue, et al. An algorithm for robust and efficient location of T-wave ends in electrocardiograms[J]. IEEE Transactions on Biomedical Engineering, 2006, 53(12): 2544-2552.

[38] P. Langley, E.J. Bowers, A. Murray. Principal Component Analysis as a tool for analyzing beat-to-beat changes in ECG features: application to ECG-Derived Respiration [J]. IEEE Transactions on Biomedical Engineering, 2010, 57(4): 821-829.

[39] S. Krimi, K. Ouni, N. Ellouze. T-Wave detection based on an adjusted wavelet transform modulus maxima[J]. International Journal of Biological and Medical Sciences, 2006, 1(2): 126-130.

[40] P. C. Chen, S. Lee, C.D. Kuo. Delineation of T-wave in ECG by wavelet transform using multiscale differential operator[J]. IEEE Transactions on Biomedical Engineering, 2006, 53(7): 1429-1433.

[41] S. Ladavich, B. Ghoraani. Rate-independent detection of atrial fibrillation by statistical modeling of atrial activity[J]. Biomedical Signal Processing & Control, 2015, 18 (1): 274-281.

[42] M. García, J. Ródenas, R. Alcaraz, et al. Application of the relative wavelet energy to heart rate Independent detection of atrial fibrillation[J]. Computer Methods & Programs in Biomedicine, 2016, 131: 157-168.

[43] J. Park, S. Lee, M. Jeon. Atrial fibrillation detection by heart rate variability in Poincare plot[J]. Biomedical Engineering Online, 2009, 8:38.

[44] S. Sarkar, D. Ritscher, R. Mehra. A detector for a chronic implantable atrial tachyarrhythmia monitor[J]. IEEE Transactions on Biomedical Engineering, 2008, 55(3): 1219-1224.

[45] S. Babaeizadeh, R. E. Gregg, E. D. Helfenbein, et al. Improvements in atrial fibrillation detection for real-time monitoring [J]. Journal of Electrocardiology, 2009, 42(6): 522-526.

[46] A. Petrėnas, L. Sörnmo, A. Lukoševičius, et al. Detection of occult paroxysmal atrial fibrillation[J]. Medical & Biological Engineering & Computing, 2015, 53 (4): 287-297.

[47] J. Oster, G. D. Clifford. Impact of the presence of noise on RR intervals-based Atrial Fibrillation detection[J]. Journal of Electrocardiology, 2015, 48(6): 947-951.

[48] Q. Li, C. Liu, J. Oster, et al. Signal processing and feature selection preprocessing for classification in noisy healthcare data [M]. London: The Institution of Engineering and Technology (IET), 2016.

[49] S. Jiménez-Serrano, J. Yagüe-mayans, E. Simarro-mondéjar, et al. Atrial fibrillation detection using feedforward neural networks and automatically extracted signal features [C]. Computing in Cardiology, 2017: 44.

[50] M. Kropf, D. Hayn, G. Schreier. ECG classification based on time and frequency domain features using random forests [C]. Computing in Cardiology Conference, 2017, 44.

[51] I. Christov, G. Gómez-Herrero, V. Krasteva, et al. Comparative study of morphological and time-frequency ECG descriptors for heartbeat classification[J]. Medical Engineering & Physics, 2006, 28(9): 876-887.

[52] A. K. Mishra, S. Raghav. Local fractal dimension based ECG arrhythmia classification [J]. Biomedical Signal Processing & Control, 2010, 5(2): 114-123.

[53] M. Thomas, M. K. Das, S. Ari. Automatic ECG arrhythmia classification using dual tree complex wavelet based features[J]. AEU-International Journal of Electronics and Communications, 2015, 69(4): 715-721.

[54] S. Meghriche, A. Draa, M. Boulemden. On the analysis of a compound neural network for detecting atrioventricular heart block (AVB) in an ECG signal[J]. International

Journal of Biological and Life Sciences, 2008, 4(1): 1-11.
[55] B. U. Kohler, C. Hennig, R. Orglmeister. The principles of software QRS detection[J]. IEEE Engineering in Medicine and Biology Magazine, 2002, 21: 42-57.
[56] J. P. Martínez, R. Almeida, S. Olmos, et al. A wavelet-based ECG delineator: evaluation on standard databases[J]. IEEE Transactions on Biomedical Engineering, 2004, 51 (4): 570-581.
[57] A. Nair, P. Marziliano. P and T wave detectionon multichannel ECG using FRI[C]. 36th Annual International Conference of the IEEE Engineering in Medicince and Biology Society, 2014, 2269-2273.
[58] S. Mehta, S. Saxena, H. Verma, editors. Recognition of P and T waves in electrocardiograms using fuzzy theory[C]. 14th Conference of the Biomedical Engineering Society of India, Proceedings of the First Regional Conference, 1995: 54-55.
[59] I. Daskalov, I. Christov. Automatic detection of the electrocardiogram T-wave end[J]. Medical & biological engineering & computing, 1999, 37(3): 348-353.
[60] V. S. Chouhan, S. S. Mehta. Detection of QRS complexes in 12-lead ECG using adaptive quantized threshold[J]. International Journal of Computer Science and Network Security, 2008, 8(1): 155-163.
[61] V. S. Chouhan, S. S. Mehta. Threshold-based Detection of P and T-wave in ECG using new feature signal[J]. International Journal of Computer Science and Network Security, 2008, 8(2): 144-153.
[62] J. Song, H. Yan, Z. Xiao. Research on T-wave morphology analysis in ECG signal[C]. 3rd International Conference on Biomedical Engineering and Informatics (BMEI), 2010, 3:1033-1036.
[63] V. S. Chouhan, S.S. Mehta. Total removal of baseline drift from ECG signal[C]. 2007 International Conference on Computing: Theory and Applications (ICCTA 2007), India, 2007, 512 - 515.
[64] C. Lin, C. Mailhes, J. Y. P- and T-Wave delineation in ECG signals using a Bayesian approach and a partially collapsed Gibbs sampler[J]. IEEE Transactions on Biomedical Engineering, 2010, 57: 2840-2849.
[65] N. M. Arzeno, Z. D. Deng, C. S. Poon. Analysis of first-derivative based QRS detection algorithms[J]. IEEE Transactions on Biomedical Engineering, 2008, 55: 478-484.
[66] M. Elgendi, M. Jonkman, F. De Boer. Recognition of T waves in ECG signals[C].

IEEE 35th Annual Northeast Bioengineering Conference, Boston, USA, 2009: 1-2.

[67] M. Stridh, L. Sornmo. Spatiotemporal QRST cancellation techniques for analysis of atrial fibrillation[J]. IEEE Transactions on Biomedical Engineering, 2001, 48: 105-111.

[68] T. J. van den Akker, H. H. Ros, A.S.M.Koeleman. An on-line method for reliable detection of wave forms and subsequent estimation of events in physiological signals[J]. Computer & Biomedical Research, 1982, 15(5): 405-417.

[69] A. H. Gradman, J. W. Lewis, J. L. Mayer. An Improved Method for Computer Measurement of the R-R Interval on the Ambulatory Electrocardiogram[C]. Computers in Cardiology, 1980: 213-216.

[70] B. Lown, M. Wole. Approaches to sudden death from coronary heart disease[J]. Circulation, 1971: 44-130.

[71] C. H. Chen. Generalized association plots: Information visualization via iteratively generated correlation matrices[J]. Statistica Sinica, 2002, 12(1): 7-29.

[72] X. C. Du, N. Rao, M. Y. Qian, et al. A novel method for real-time atrial fibrillation detection in electrocardiograms using multiple parameters[J]. Ann Noninvasive Electrocardiol, 2014, 19(3): 217-225.

[73] C. T. Lin, K. C. Chang, C. L. Lin, et al. An intelligent telecardiology system using a wearable and wireless ECG to detect atrial fibrillation[J]. IEEE Trans Inf Technol Biomed, 2010, 14(3): 726-733.

[74] M. Elgendi, B. Eskofier, D. Abbott. Fast T wave detection calibrated by clinical knowledge with annotation of P and T waves[J]. Sensors, 2015, 15(7): 11771-17693.

[75] P. E. Trahanias. An approach to QRS complex detection using mathematical morphology[J]. IEEE Transactions onBiomedical Engineering, 1993, 40(2): 201 – 205.

[76] P. Laguna, N. V. Thakor, P. Caminal, et al. New algorithm for QT interval analysis in 24-hour Holter ECG: performance and applications.[J]. Medical & Biological Engineering & Computing, 1990, 28(1): 67-73.

